経営者の人生もよくなる「地域密着企業」経営改善バイブル

中邨康弘 著

セルバ出版

はじめに

生産性を主眼に置き、地域密着企業の特徴を捉え、経営を全体最適する

私は、中小企業という言葉があまり好きではありません。コンサルタントを始めたときから、ずっと違和感を覚えていました。なぜでしょう。私だけかもしれませんが、規模の大小がそのまま企業の優劣や、経営のよしあしを表現しているように感じ取れるからなのかもしれません。

現実の経営を観察していても、最早、規模の大小を問う時代は終わったように感じます。上場企業は、少し事情が異なりますが、経営の原理原則から考えても、大企業とその法則は何ら変わらないと思います。

もっと別の切り口として、大都市と地方都市とか、全国展開と地域密着とか、グローバルとローカルとか、そういった発想の区分けのほうが、経営改善する上で利便性が高いように感じています。ですから、私は、中小企業という言葉は使いませんし、大企業との区分けで議論することはそんなに多くありません。地方という言葉にも、何らかのマイナスイメージを抱く人もいますが、企業の特徴を捉えるという点では、規模の大小を持ち出すよりはよい検討ができます。

まずは、規模の大小に囚われない本質的な見方をするために、「生産性」を主眼に置いたものの見方をお伝えします。本文の最初の章で詳しく説明しますが、本書で言う生産性とは、その会社の1人当たりの付加価値額（粗利または限界利益）のことで、これが最も重要な経営指標です。極端

に言えば、これさえ見ていれば、他はほとんど見なくても大丈夫なくらい大事な考え方です。

私は、生産性を軸にして経営改善をしていくコンサルタントですが、このとき、地方の実情や、地域密着企業の実態を加味していく必要性が生まれます。本書で言う「地域密着企業」とは、人、物、情報などの経営資源の複数、あるいは全部が、その地域に土着している企業のことを意味します。

例えば、地元に住んでいる人を雇わざるを得ないとか、地元出身の人が親の資産や経営資源を引き継いで土着して生活しているとか、地元の情報がないと営業が成り立たないといった事情のある企業です。これらの事情が相俟ってか、全体の傾向として、地域密着企業は生産性が著しく低いのも特徴です。

地域密着企業の生産性を上げようとすると、私のコンサルティングの経験上、総合的な施策が必要になります。地方企業の場合、特定の経営テーマだけに注力しても経営がよくなることは少なく、経営全般を見渡し、「全体最適」を目指す必要があります。なぜなら、本書と対極にあるような、大都市から発信されているコンサルティングの内容などは、基本的に特定の業種やテーマに的を絞った定型的な内容が多いのですが、こういったものでは地方特有の事情を抱えた企業に適用できないとか、現状の経営資源ではとても実行できなかったりするからです。

また、特定の経営要素に注力し過ぎて、他のものが疎かになり、全体として悪くなってしまうことすらあるのが実際です。

本書は、地域密着企業の実情を踏まえた上で、経営を全体最適し、生産性を上げることを企図しています。ですから、特定のテーマだけではなく、話題は経営全般に渡ります。様々なテーマの、様々なレベルの内容が含まれていますが、これが正真正銘の経営改善を実現するための、偽らざる実態です。

読者によっては、目次の仕分けがおかしいとか、話題のレベル感がばらばらだと感じるかもしれませんが、全体最適とは、本来そういう側面があります。もともと相互作用や因果関係がある事柄を、少しだけ無理に順序立てたテーマに分解して述べようとするのでそうなります。

本文に入る前に、もう1つだけ断っておきたいことがあります。それは、本書が経営改善を企図しているので、批判的な表現や、耳が痛い内容もあるということです。しかしながら、著者としては、読者の経営者の皆さんの人生がよくなることを心から願い、全身全霊の善意で書きましたので、どうかお許しいただければと思います。

本書を読み進めていく中で、「これ、自分のことを言われているのではないか?」と、ドキッとしてしまうようなことが多ければ多いほど、的を射た内容となっている証拠であり、そうであれば、著者として望外の喜びです。

2021年9月

中邨　康弘

経営者の人生もよくなる「地域密着企業」経営改善バイブル　目次

第３章　集客・マーケティングの改善

第4章　経営戦略、新規事業、投資判断

第5章　人事組織の改善

第6章　限界突破のためのアウトソーシング

第7章　社員のモチベーションアップの考え方

第8章　社員のモチベーションアップの実務

第9章　採用活動の改善

第10章　経営者のマインドの改善

第1章　地域密着企業は生産性が低過ぎる

1　まずは自社の生産性を正確に算出しよう（労働生産性の定義）

「よい」会社とは、どんな会社か、改めて考える

いきなりですが、図表1に示した会社のうち、どれが一番「よい」会社だと思いますか。

経営者によって考え方や価値観は様々ですが、ほとんどの経営者はA社が一番よい会社だと答えます。

A社は、売上や人数などの事業規模が一番大きく、営業利益もきちんと出ています。その上、粗利率や営業利益率も、非常に高い数値を示しているので当然の判断です。

これは1つの価値判断として間違いではありませんが、私は別の答えを持っています。勿体をつけるようですが、私の提案する答えを導き出すには、生産性について理解する必要がありますので、一旦、話を先に進めます。

【図表1　どれが一番よい会社だと思いますか】

	A社	B社	C社
売上	6億2,500万円	2億円	1億円
粗利 または 限界利益	5億円	1億2,000万円	4,000万円
営業利益	5,000万円	1,200万円	400万円
粗利率 または 限界利益率	80%	60%	40%
営業利益率	8%	6%	4%
人数 （経営者含む）	100人	20人	4人

【図表２　経営指標としての労働生産性の定義式】

$$生産性 = \frac{アウトプット（産出量）}{インプット（投入量）}$$

$$労働生産性 = \frac{付加価値額（粗利または限界利益）}{人数（経営者含む）}$$

$$= 1人当たりの付加価値額（粗利または限界利益）$$

経営指標としての労働生産性の定義式

今更ながら、そもそも生産性とは何でしょうか。私の言う生産性とは、労働生産性のことです。「生産性向上＝業務効率化」という意味合いを思い浮かべる人が多いですが、これは生産性の一面を捉えているに過ぎません。他には、もっと高単価で稼げ（量）、もっと短い時間で早く（時間）、もっと正確かつスムーズに（質）、もっとイノベーティブに（革新性）など、様々な意味合いが含まれている言葉です。

このように、生産性という言葉には様々な意味合いはあるものの、経営指標として数値的に捉える場合は、図表２のように定義することができます。生産性の一般式は、インプットに対するアウトプットの多寡として定義されます。これを企業経営に適用します。

企業経営は人間活動であるため、インプットは、それに投入された人数ということになります。アウトプットは、生産活動によりもたらされた付加価値額（粗利または限界利益）ということになります。すなわち、労働生産性とは、１人当たりの付加価値額（粗利または限界利益）と定義することができます。

次に、読者の皆さんの会社の生産性の数値を正確に算出するために、付加価値額の確認方法と人数の考え方について説明します。

付加価値額の確認方法

生産活動により顧客や社会にもたらされたものの金額のことを付加価値額などと言いますが、まずはこの数値がいくらなのかを確認します。控除法によれば、付加価値額とは、売上から外部購入価値（材料費、外注費など）を引いたものになります。各社の損益計算をこれに当てはめて、付加価値額を算出します。図表3に付加価値額の確認方法を示します。

まず、図表3の左側の枠に示した、通常の損益の図を見てください。業種によりますが、原価が基本的に外部購入価値に等しい場合は、売上から原価を差し引いた粗利をそのまま付加価値額とみなして問題ありません。原価は、他社の生産活動から得た外部購入価値なので、これを売上から差し引いた粗利が付加価値額です。この考え方で問題ない業種は、小売業や卸売業などです。

他方、粗利をそのまま付加価値額とみなせない業種がたくさんあります。そのような場合は、図表3の右側の枠に示すように、該当する経費が本質的に付加価値額なのか、外部購入価値なのかによって、組み替える必要があります。この場合は、変動損益の図のように、売上から変動費を差し引いた、限界利益を付加価値額とみなしてください。変動費は、基本的に材料費や外注費なので、これを売上から引いた限界利益が付加価値額です。

ここで気をつけなければならないポイントは、原価に入っている人件費や、一般管理費に入って

【図表３　付加価値額（粗利または限界利益）の確認方法】

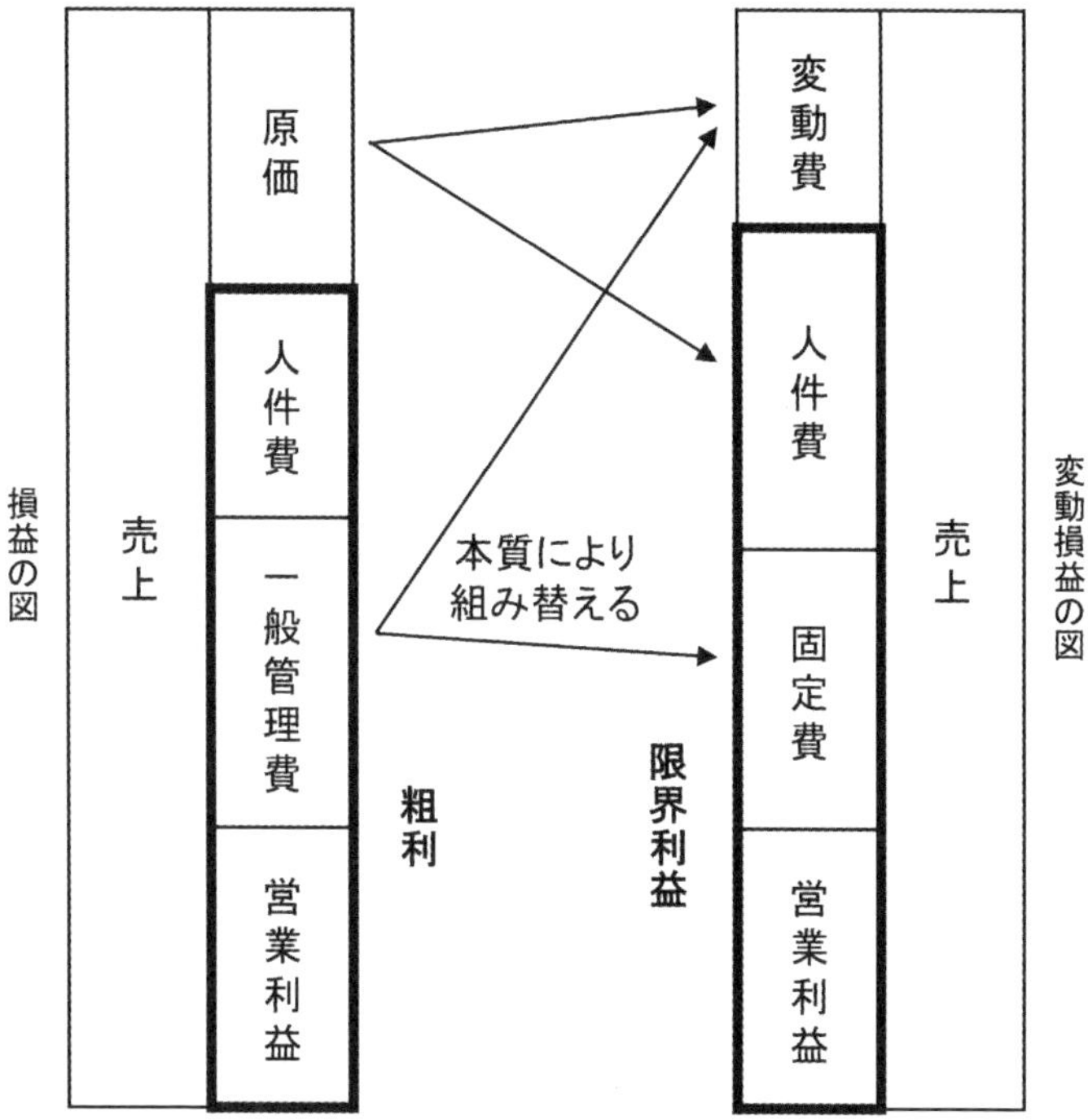

※ここで、営業外損益は考えない
※説明のため、人件費を分けて記載

いる変動費です。例えば、製造業などは、原価に現場の社員の人件費が含まれますが、これは付加価値額であるため、原価から人件費に組み替える必要があります。他には、ホームページ制作会社などは、一般管理費に顧客用のレンタルサーバーの利用料が含まれていることがありますが、これは仕入に該当する外部購入価値であるため、変動費に組み替える必要があります。

このようにして確認した粗利または限界利益が、自社の付加価値額となります。そして、この付加価値額を何人でやったかが、最重要経営指標である、労働生産性の数値となります。

人数の考え方

人数の数え方の基準として、8時間労働のフルタイムの正社員を1人分と考えてください。これに準じて、例えば、4時間労働のパート社員は0・5人分となります。なお、インプット量を人数ではなく総労働時間で考えてもらっても間違いではありませんが、人数のほうが直感的にわかりやすいので、本書ではインプット量は人数で考えます。

ここで、経営者を人数に含めないという考え方が一般的なようですが、本質から考えれば、これは間違った考え方だと思います。本質的に、経営者は、付加価値額を生み出す生産活動に参加しているでしょうか。もちろん、経営者として参加していますし、経営者の役員報酬は付加価値額の一部である人件費に含まれています。したがって、当然、経営者もインプットに含まれます。

また、例えば、1人社長の会社の場合、社長を人数に含めなければ、生産性が無限大になってしまい、数学的にもおかしなことに気づけます。社長1人の会社でなくても、全員の人数が変わらずに、社内で誰かが取締役に昇格した場合を考えても、実態は何も変わっていないのに、インプット量が減り、生産性が上がってしまいます。やはり、経営者も人数に含めるのが正しい考え方です。

他には、フルタイムの時間給社員や再雇用の社員の給料が、正社員1人分の半分だから、人数の数え方も半分の0・5人分だという人がいますが、これも間違っています。人を1人使ったのであれば、それは給料に関係なく、1人分です。給料が半人前だから、インプットとしても半人前などとして加工をしてしまっては、経営指標としての意味を失ってしまいます。それに、このような考え方は、道徳的にも問題があると思います。

計算結果の確認

さて、ここまでお伝えした方法で、読者の皆さんの会社の生産性を実際に算出してみてください。いくらになったでしょうか。おそらく、1人当たり付加価値額500～800万円のうちのどこかではないでしょうか。この数値に対する解釈は、次項以降で更に詳しく述べますが、もし、1，000万円を超えていたら、地方ではかなり優良だと思ってもらって間違いありません。

以上で、冒頭の質問に対する準備が整いましたので、先の「よい」会社はどれかという話題に戻りましょう。

2　本質的な経営数字の見方（粗利率、営業利益率なんてどうでもいい）

生産性を主眼に置けば「よい」会社の意味が変わる

改めて、読者の皆さんにおうかがいしますが、先の図表1に示した会社のうちどれが一番よい会

【図表４　改めて、どれが一番よい会社だと思いますか】

	A社	B社	C社
売上	**6億2,500万円**	**2億円**	**1億円**
粗利 または 限界利益	**5億円**	**1億2,000万円**	**4,000万円**
営業利益	5,000万円	1,200万円	400万円
粗利率 または 限界利益率	80%	60%	40%
営業利益率	8%	6%	4%
人数 （経営者含む）	**100人**	**20人**	**4人**
労働生産性	**500万円／人**	**600万円／人**	**1,000万円／人**

社だと思いますか。図表４に、今度は各社の生産性の数値も示して再掲します。

私の答えはもうおわかりいただけたと思いますが、私の答えとして、生産性の観点から、Ｃ社が圧倒的によい会社です。生産性の数値以外、すべての数値で劣るＣ社ですが、私はＣ社が一番よい会社だと思います。

なぜ、Ｃ社が一番よいと言えるのか、もうお気づきだと思いますが、図表３の付加価値額の確認に使った損益計算の中身をもう１度見てください。例えば、人件費は、付加価値額の中から支払われるものですから、原理的に、Ｃ社の給料水準が一番高くなります。反対に、Ａ社は、給料の安い社員を大量に雇用していることになります。次項で更に詳しく述べますが、生産性の数値以上の平均給与は設定できませんので、このようなものの見方ができるようになります。

粗利率、営業利益率なんてどうでもいい

ここまでの時点で、「なるほど」と思ってもらえると嬉しいですが、生産性の観点から、経営数字の見方について、更に付け加えたいことがあります。それは、一般的に広く用いられている経営指標の粗利率（または限界利益率）、営業利益率は、はっきり言えば、どうでもいい数字ということです。これを言うとなぜか怒られるのであまり言わないようにしているのですが、取り敢えず、次の私の考えを聴いてください。

図表3の付加価値額の確認に使った損益計算の中身をここでもう1度見てください。この中で、読者の皆さんが本当に上げたい数値は何でしょうか。無論、生産活動の成果物である付加価値額（粗利または限界利益）であり、売上ではないはずです。

要は、同じ人数で付加価値額の絶対値が大きいことが一番大事であって、極論を言えば、売上と原価（または変動費）はいくらでも構わないのです。つまり、先の3社のどの会社がよいかの判定のように、粗利率（または限界利益率）が高いか低いかはどちらでもいい話で、同じ人数で付加価値額の絶対値が大きければそれがよいということです。

営業利益率も似たような話で、売上に対しての営業利益の比率を論じても、あまり意味はありません。例えば、同じ人数で付加価値額を上げるために、敢えて粗利率を悪化させて売上を増やしたとしたら、営業利益率も悪化し、まるで改悪したかのような印象になってしまいます。

もし、営業利益率に代わる指標を考えるならば、付加価値額に対する営業利益の比率や、生産性

の定義に倣って、1人当たり営業利益といった数値を見ないと意味がないと思います。実際、私はこれらの比率や数値を見ながら助言をしています。

このように、粗利率や営業利益率は、同じ業界内の比較や慣習的に使う場面以外、あまり意味のない経営指標ですので、そんなに気にする必要はありません。それよりも、同じ人数で、付加価値額の絶対額を上げることに集中してください。

さて、私が経営セミナーなどの場でここまで話すと、ほとんどの経営者は、「目から鱗」とか、「このような見方は気づかなかった」とか、「大いに納得」と言ってくださるのですが、読者の皆さんはどうでしょうか。何か発想が根本から変わるような衝動が多少は得られたでしょうか。粗利率や営業利益率といった指標を否定されて怒っていないことを切に願いますが、まだピンとこない人のためにも、次項でもう少し生産性に関するものの見方や考え方の話を続けます。

3　生産性を理解すれば経営に対する価値観が変わる

生産性の水準はほぼ給与水準を表している

先に少し触れましたが、地方企業の生産性の水準として、500〜800万円くらいの間にかなり多くの企業が入ると思います。読者の皆さんの会社はいかがでしょうか。

私の経験上、一番低い生産性の水準として、500〜600万円くらいの企業も少なくありません。例えば、先のA社のように生産性が５００万円だとして、これに対する人件費の割合が仮に半分だとすれば、この時点で平均給与が２５０万円になってしまいます。これだと、昇給がほとんどできない状態で、社員も安心して長く働くことは難しいと思います。

これに対して、私が昔から生産性の目標数値として一貫して経営者にお伝えしているのが、A社の５００万円の2倍の1，０００万円です。これは、切りのよいいい加減な数値を言っているわけではありません。社員が安心して長く働ける平均年収（昇給原資）や、教育投資、事業投資など、いろいろと勘案すると、これくらいは目指したいのです。

このように、生産性の水準は、ほぼ、給与水準そのものを示しています。先の図表3の損益構造と生産性の定義から考えて、１人当たり付加価値額以上の平均給与は設定できません。生産性が高いか低いかということは、すなわち、給料水準が高いか低いかということとほぼ同義なのです。

ところで、最近、人手不足が深刻化していますが、雇用を考える前に、まずは今いる社員で生産性を上げることを考えてください。他の章でも触れますが、忙しいからと安易に雇用すると、生産性の指標が悪化して、結果的に自分たちの首を絞めることにもなりかねません。とにかく、まずは生産性８００万円くらいまでは、今いる社員で何とかするという癖をつけてください。

これからは事業規模の大きさを誇るのではなく生産性の高さを誇る

本章の冒頭の質問に対して、A社が一番よい会社だと判断した人は、だんだんと、C社のほうがよい会社だという考えに変わってきたら嬉しいのですが、どうでしょうか。

A社が一番よい会社だという判断は、ある意味、投資家としての考え方に近いものがあるかもしれません。その会社で働く社員の人生にはあまり興味はなく、同じ資本でなるべく会社を大きくして、リターンを大きくしたいという発想です。あるいは、会社が大きいことが、経営者としての成功の証といった価値観もあるかもしれません。

しかしながら、生産性を主軸として冷静に考えてみれば、A社はある意味で恥ずかしい状態です。その理由は既に述べたので、これ以上は言いませんが、生産性が低いことは、経営者としてあまり褒められたことではありません。

他には、生産性が高いということは、会社の堅牢性が高いということも言えると思います。先の図表3の損益構造と生産性の定義からもわかるように、生産性が高いということは、1人当たりのマージンが大きいので、営業利益が出やすく、利益体質の会社で頑強であると言えます。生産性を高めることが、すなわち、「無理せず自然に儲かる体質」になるということです。

以上のような話題から、今後は、経営者として、事業規模の大きさを誇るのではなく、生産性の高さを誇るようにしてはどうでしょうか。

自分の経営哲学に照らして所望の生産性の水準を狙う

これまでの議論から、生産性の水準はなるべく高めたいものですが、ここで、経営者それぞれの哲学も織り交ぜて、話をもう少しだけ深めたいと思います。

先のA社のような、生産性５００万円で１００人規模の状態では、低賃金の社員を大量に働かせている「奴隷工場」のような状態なので、好ましくないと思います。その一方で、B社のような、生産性６００万円で20人程度の会社であれば、場合によって、受け入れられる考え方もあるかもしれません。例えば、「顧客に商品をなるべく安く提供したい」とか、「職務能力が必ずしも高くない人たちに就労の場を提供したい」といった信念があれば、正当に受け入れられると思います。

他には、生産性が高い水準として、１，５００万円くらいの会社を考えるとどうでしょうか。優良顧客に囲まれ、社員も社長もとても満足な給料を得られて幸せを実感できそうです。しかしながら、更に生産性を追求して、１，５００万円を超えてくるような水準に到達すれば、過ぎたるは猶及ばざるが如く、「暴利」や「性格の合う金持ちとしか付き合わない」、「自分たちだけ儲かればそれでいい」といったような、やはり人間の不道徳な部分が出てくるかもしれません。

このような議論から、読者の皆さんの会社は、どのくらいの生産性の水準が望ましいでしょうか。ご自分の経営哲学に照らし合わせて、所望の水準を考えてもらいたいと思います。

さて、必ずしも生産性の水準を上げることだけが正解ではないと含みを持たせたものの、多くの地方企業の生産性の水準は、５００~８００万円と低いため、ほとんどの経営者は、もう少し上げたいという望みを持ちます。私もそれを前提として本書を執筆しましたので、まずは生産性１，０００万円を目指して、次項から、生産性を上げるための具体的なノウハウの話題に入っていきます。無論、既に生産性1，000万円を超えている会社にとっても、更に高い水準を目指して同じように活用できるノウハウです。

4　生産性が上がる数学的な5つのパターン

どのパターンで攻めるかはとても重要

「生産性を上げる」と言うと、その意味として、業務の効率化や残業時間の削減などを漠然と想像する人が多いですが、先ほど定義した生産性の式から、それは一面的な見方に過ぎないことはご理解いただけたと思います。

ここで、生産性を上げるという意味について、もう少し掘り下げて考えてみたいと思いますが、先の図表2の生産性の定義式をもう1度ご覧ください。

定義式から考えて、生産性とは、分母と分子の組合せで決まるものと理解できます。つまり、分母または分子の単独の上げ下げではなく、その組合せの結果として、数値が大きくなればよいのです。業務の効率化や残業時間の削減などは、分母を下げるという一面を捉えているに過ぎないのです。

では、生産性が上がるパターンというのは、全部で何種類あるのでしょうか。簡単な数学の組合せですが、生産性が上がる分母と分子の組合せは、図表5に示した5つです。

この組合せは、各社の生産性の改善方針を占う上で重要な考え方なので、左から順に説明してい

【図表５　生産性が上がる分母と分子の５つの組合せ】

	1	2	3	4	5
分子（付加価値額）	→	↑	↑↑	↓	↑
分母（人数）	↓	→	↑	↓↓	↓

きます。

まず1番左の組合せですが、粗利はそのままで、人数だけを減らすという考え方です。粗利を上げるのが難しい状況にある会社に適した考え方です。

左から2番目の組合せは、人数はそのままで、粗利だけを上げる考え方です。仕事が増える度に、忙しいからという理由で安易に人を増やしてしまっている会社に取り入れて欲しい方針です。

真ん中の３つ目は、２つ目と考えが近いですが、人数が少し増えてもいいから、それ以上に粗利を大幅に上げるという考え方です。

左から4番目は、逆に、粗利が少し減ってもいいから、それ以上に人数を大幅に減らすやり方です。

最後の5番目は、バランスよく、粗利も少し上げて、人数も少し減らす考え方です。

以上の５つを理解した上で、どのパターンで攻めるかを考えてみてください。

会社の内容や状況によって、どのパターンが一番よいかは変わってきます。また、次章から示す、様々な施策や考え方のほとんどは、分子を上げるか分母を下げるためのものであることを意識して読み進めてください。

5　全体最適により生産性を上げる

改善できる要素はたくさんあるのでどれに着手するのか状況によって考える

本書のはじめに、私は生産性を軸にして全体最適をするコンサルタントだと自己紹介しました。これは、先の生産性を上げるための分母と分子の組み合わせについて、その会社の内容や状況に応じて、その都度、最適なものを選択するという意味も含まれています。要するに、アウトプットを上げるか、インプットを下げるゲームですから、マーケティングだけに固執するとか、業務効率化だけを頑張るといった、部分的なことに囚われずに、俯瞰的な視野で経営改善のテーマを捉えて、生産性を上げるということです。

経営改善のテーマを俯瞰してみると、例えば、私は図表6のように捉えています。このような経営要

【図表6　全体最適により生産性を上げる】

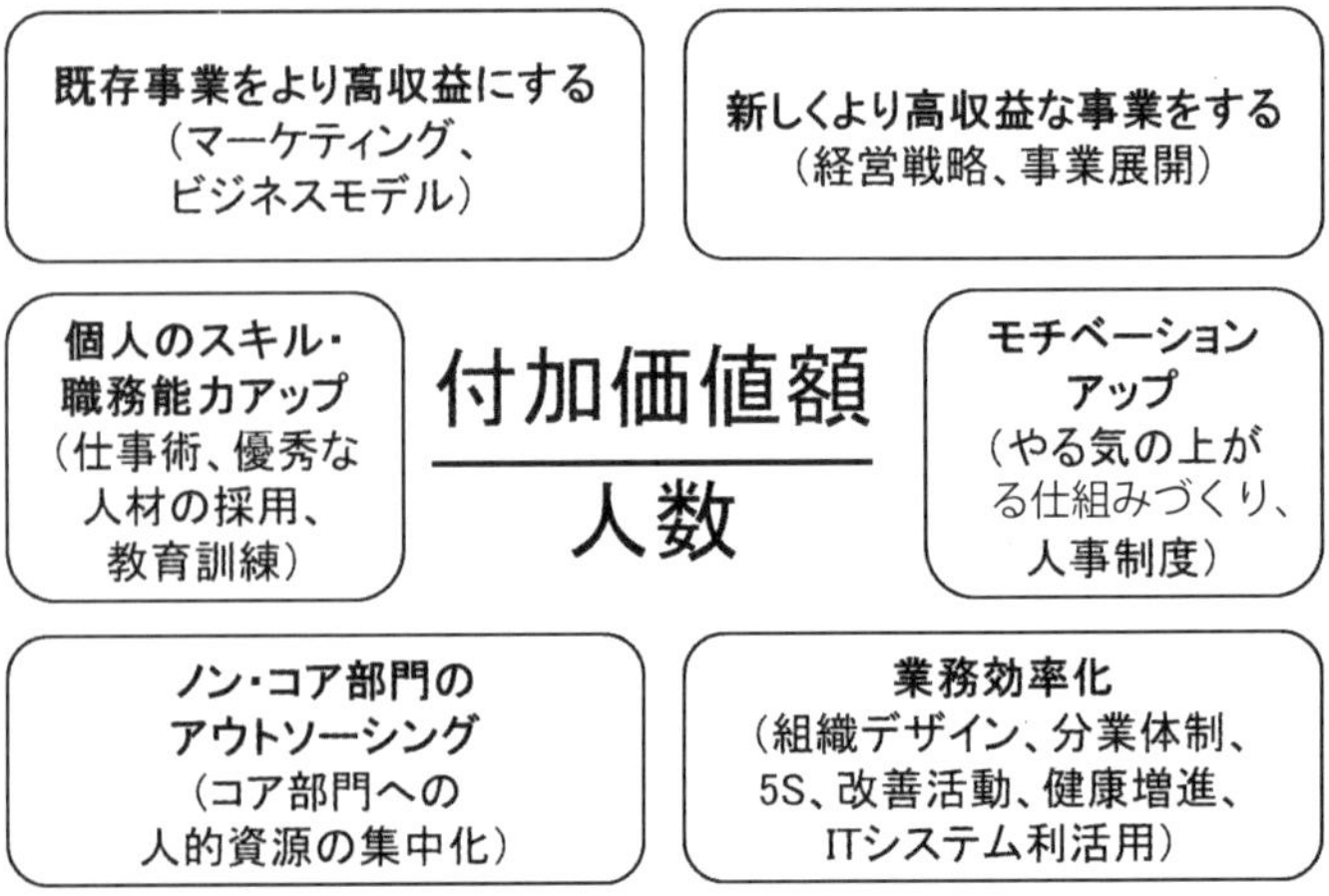

素の仕分け方は、人によって違いますが、本書では、まずは同図のように考えてみてください。

上段の２つは、主に付加価値額の増大に寄与するものです。既存事業で増やすか、あるいは、新規事業で増やすかのどちらかが考えられます。

中段の２つは、付加価値額と人数の両方に効果を及ぼしそうなものです。社員のスキルや職務能力アップと、モチベーションアップが考えられます。

下段の２つは、主に人数を最小化するためのものです。ノン・コア部門のアウトソーシングと、組織的に行われる業務効率化が考えられます。

以降の章では、完全に同図の仕分け通りの章立てとはなりませんが、概ね同図のような経営要素ごとに説明していきます。ここで、会社ごとに、状況的に経営改善テーマとして採用できない要素があるとか、得意不得意などもあると思います。それらを加味して、自社は前項の図表５の分母と分子の組合せのどのパターンがよさそうかを考え、それに合わせて図表６のどの要素を改善するのかを考えながら読み進めてください。

６　生産性を上げるために社員に協力を取りつける２つの方法

社員への伝え方にはコツがある

次章以降で説明する生産性を上げる施策は、社長だけでできることもありますが、社員の協力がないと難しいこともたくさんあります。社長からすると、「一緒に生産性を上げよう」と号令をかけるだけだと思われるかもしれませんが、話はそこまで簡単ではありません。社員の気持ちに配慮したステップを踏むか、言い回しに注意しないと、本当の協力関係が築けません。

話の持っていき方には、次に説明する2つの方法がありますので、出だしでつまずかないように、これらを参考にして進めるようにしてください。

方法その1：給料の決定方法、会社の損益状況、今後の戦略をきちんと説明する

正攻法で社員に協力関係を仰ぐには、前提として、次の3つのことを行う必要があります。

① 給料決定方法および賃金テーブルを公開する。
② 損益計算書をそのまま公開する（決算書をそのまま公開する）。
③ 今後の方針や施策を社長の口からきちんと説明する。

これらを見て、「当たり前のことだ」と思われた社長はよいですが、「とんでもない」と思った社長は、協力関係が得られない状態だと推察されますので、これらを行う必要があります。

なぜ、このようなことを行う必要があるのかは、第8章で詳しく述べますが、これらをやらないと、「給料の不満」が噴出してしまいます。社員からすれば、「生産性を上げること」と「給料が上がること」はセットですから、そこから飛び火して、現状の給料に対する疑念が表面化します。

このようなことにならないために、現状の給料の決定方法を説明し、会社の損益状況を理解させ、社長が今後どのようなことを考えているか伝え、「納得感」を得る必要があるのです。

方法その２：給料には触れず、残業は法律の範囲内で許容し、話は業績アップ一辺倒

社員に決算書など見せたくないとか、社員にお願いなどしたくないという社長は、別の方法を取る必要があります。できれば方法その1で先に進んで欲しいですが、どうしても嫌だという社長は、代替案として、次の３つの要領で進めてください。

①「生産性」という言葉は絶対に使わない（給料の話には触れない）。
②残業は法律の範囲内で許可する（厳しく減らそうとしない）。
③話題は業績アップのことだけにする（アウトプットに集中する）。

方法その1で述べたように、生産性向上という話をした瞬間、ほぼ間違いなく給料の問題に発展しますので、まず、大原則として、「生産性」という言葉は使わないことです。先の正攻法をやるつもりがないのであれば、不用意に給料の話をしても、社員の不満が増幅して逆効果となります。

それと、残業を減らそうとすることもいけません。ほとんどの企業で、残業代は生活給となっているので、「生産性向上＝給料カット」と取られてしまいます。残業代削減は諦めて、逆に法律を盾にして、インプットを上限付近で上手く安定化させるようにしてください。「残業はしてもいいけど、法律上、これ以上、残業させてあげられないのだよ」という形に持ち込むということです。

そして、経営改善テーマの話題は、売上アップや業績アップ一辺倒としてください。売上アップや業績アップを説得材料にすれば、否定する人は誰もいません。生産性という言葉を使うと、給料やインプットの話題になってしまいます。つまり、インプットの改善は、ある程度潔く捨てて（微増または横ばい）、アウトプットの改善（マーケティング、経営戦略）に集中するということです。

【コラム】労働分配率はどうあるべきか

付加価値額に対する人件費の比率のことを「労働分配率」などと言いますが、読者の皆さんはこの指標についてどのようにお考えでしょうか。私の感性として、響きがよくない言葉なのであまり使っていませんが、実際にあった次のような話題について、どう思いますか。

昔、ある社長が、経営計画発表会という会議で、全社員に向かって、高らかに、「わが社は、社員の皆さんの給料を上げていき、労働分配率を下げていくことで、もっとよい会社にしていきます」と言いました。外部のゲストとして聞いていた私は、ビックリして冷や汗をかきました。一体、意味がわかっている賢い社員は、どう思ったのでしょうか。結果的にそうなったとしても、わざわざ社員の目の前で公然と口に出して、狙っていくことではないと思ったのが正直なところです。

従来の経営理論では、労働分配率は下げるのが正解らしいですが、そんな論理は誰が決めたのでしょうか。今後は、こういった古い思込みや通説は捨てるべきです。労働分配率を上げるか、下げるか、固定するか、無視するか、ご自分の経営哲学に照らしてご判断いただければと思います。

第2章　経費削減と財務管理

1　業績がよくない会社のほとんどはただの経費の使い過ぎ

実は、売上が足りない会社は意外と少ない

私の経験則として、会社の業績がよくないとか、資金繰りが悪化するとき、どの会社にも似たような傾向が見られます。その傾向は、次のうちどれだと思いますか。

①　根本的に売上が足りない（営業キャッシュフロー絡み）。
②　身の丈以上に経費を使い過ぎ（営業キャッシュフロー絡み）。
③　新規事業投資や設備投資での失敗（投資キャッシュフロー絡み）。
④　銀行との交渉が下手でうまく融資を引き出せない（財務キャッシュフロー絡み）。

一般的に、業績があまりよくない会社は、①の売上が足りない状態なのではないかと思われがちですが、実際は違います。実は、それよりも、単に収入に対して支出をし過ぎている②の場合が圧倒的に多いです。身の丈以上の経費の使い過ぎにより、損益はもちろんのこと、資金繰りも悪化しています。

業績が悪化するとか、資金繰りが悪化する原因として次に多いのは、③の新規事業や設備投資での失敗です。これも経費の使い過ぎと似たようなところがあるのですが、単に自社の体力以上の投資をするのが原因です。

他方、④の融資のことを気にする人もいると思いますが、これはほとんど心配する必要のないことです。昨今では、相当に内容の悪い会社でも、きちんと説明をして協力を仰げば、金融機関はほぼ間違いなく融資をしてくれます。

苦労してマーケティングをやり直すよりも比較的直ぐに業績がよくなる

生産性の説明の次にこの章をもってきたのは、実は私としては不本意なのですが、実際問題、経費の見直しには、お宝が眠っていることが多くあります。また、業績改善効果にも即効性があるので、私がコンサルティングをする際、最初に手をつけることが多いです。

売上を上げることを優先的に行うことも悪くはありませんが、経費が過大だった場合、その経費に見合ったところまで売上を上げようとすると、それなりに頑張ってマーケティングや集客をしなければなりません。苦労してそんなことをするよりも、まずは経費を身の丈に合った水準にコントロールすることのほうが、ずっと早いのが正直なところです。

ここで、業績や資金繰りが悪い会社のことばかりを前提に述べましたが、業績のよい会社でも、経費の使い方をより適切にコントロールすることができれば、もっと業績をよくするとか、もっと会社をよくすることができます。

では、経費削減にはどれくらいの効果があるのでしょうか。私のコンサルティング費用を簡単に捻出できることも少なくありません。私の経験として具体的な数字を挙げると、会社によってばらつきが大きいですが、その会社の売上の0・1～10％程度の改善効果が見込めます。ばらつきが随分と大きいと感じたと思いますが、経費をしっかり管理できている会社は0・1％、経費の管理がずさんな会社は10％というふうに考えてください。

ただし、経費削減の作業は簡単そうに見えて実は難しい

経費の削減は、無駄そうなものを切っていくだけの作業のように見え、一見、簡単そうに見えるかもしれません。しかしながら、ある意味、外科手術のような側面もあり、話はそこまで簡単ではありません。切っても問題ないものかどうか判別する能力が必要です。

不用意に必要なものを切ると、会社の重要な機能や文化を壊す恐れがあります。これに加えて、ただ切るだけでなく、より利便性が高い代替品とか、よりリーズナブルな同等品に置き換えられる知識も必要です。

このように、ある程度の手腕が必要な作業ですから、私のような経費削減を失敗しないコンサルタントに依頼するのも1つの手段かもしれません。

私が経費削減のアドバイスをする場合、経営者と一緒に総勘定元帳を見て、細かくすべてチェックしていきます。これに倣って、読者の皆さんにも、細かいところまで慎重かつ厳しく見てほしいと思います。以降の説明では、読者ご自身で作業ができるよう、細かく項目を立てていきますので、しっかり確認してください。

2　社長の給料の決め方

会社の生産性と人員規模を勘案して身の丈に合った適正な役員報酬を決める

耳の痛くなる読者もいるかもしれませんが、社長の過大な役員報酬が原因で損益や資金繰りが不用意に悪化する場合があります。会社や社員の状況を考慮せず、自分だけ身の丈以上に高い給料を設定していると、後で自分の首を絞めることにもなります。

では、現状に合った、適正な役員報酬は、どのようにして決めればよいのでしょうか。この問題に対する1つの答えとして、私が社長の給料を合理的に決定できる計算式を開発しました。図表7にその計算式や考え方を示します。わけのわからないものが載っていると馬鹿にしないで、少しだけ聴いてください。

結論としては、社長の給料は、会社の生産性と人員規模で決めるのが合理的です。グラフの横軸は、経営者を含む会社全員の人数（第1章の議論に倣って、フルタイム社員換算）です。縦軸は、社長の給料を決める上で目印になる数値が並んでいます。

まず、仮に社長1人の会社の場合、社長の給料は平均給与そのものになりますので、グラフのaが出発点となります。

次に、人数が10人のところを1つの目印にしてください。この時点においては、第1章で説明し

【図表７　社長の給料の決め方の１案】

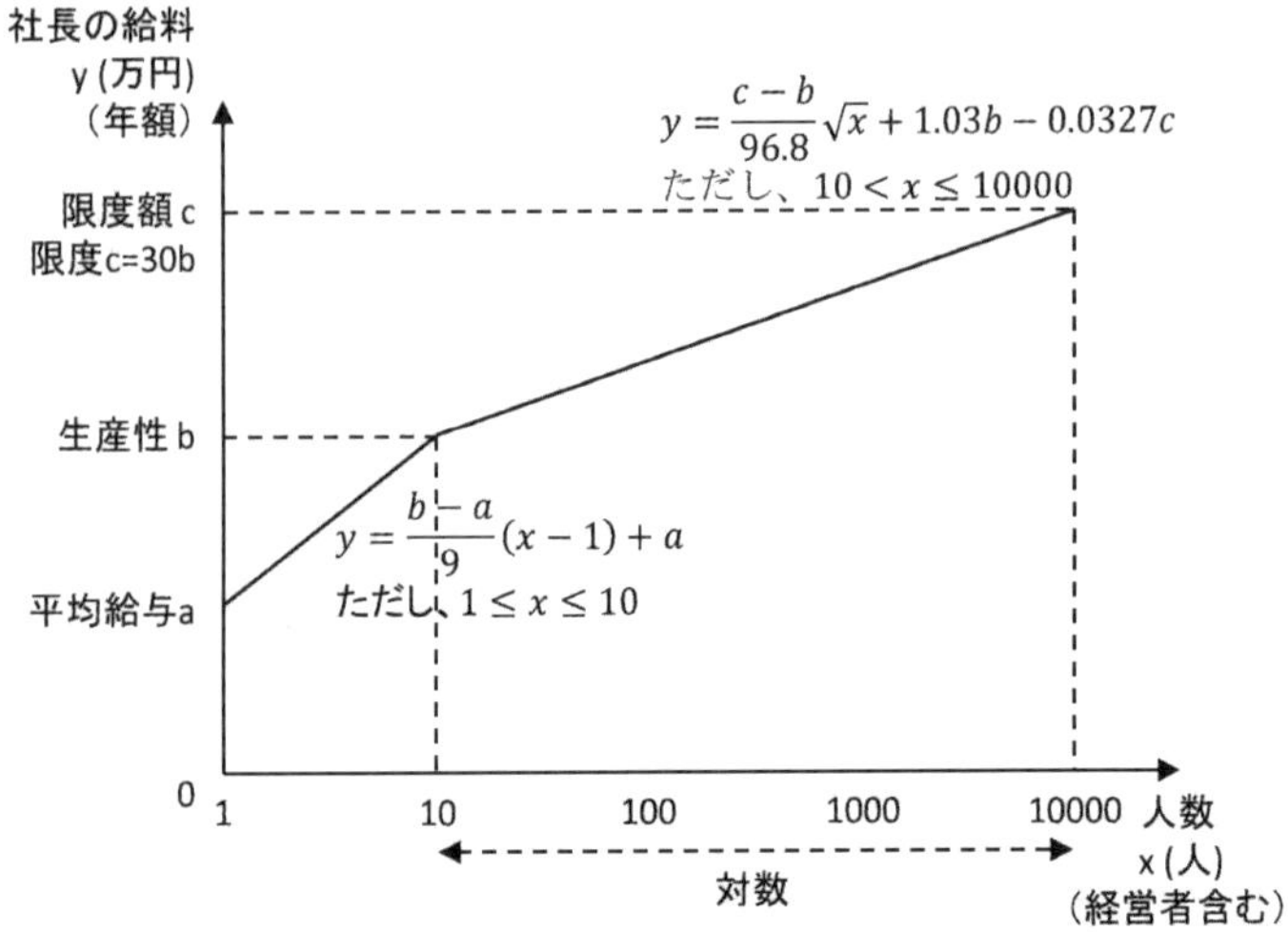

aの設定根拠:
経営者を含む全員の平均給与（または、社長1人の時の給料）

bの設定根拠:
10人くらいまでは社員の生産分まで取らないほうがよい。

cの設定根拠:

社長1人に最大で何人分の価値を認めるかを決める。

著者としては、平均給与aの十数倍からc=30bが限度と思われる。

なぜなら、巨大組織の優れたリーダーでも管理できる人の数はせいぜい 30 人くらいが限度である (社長に 30 人以上の価値を認めるのには無理がある)。

また、少しずつ上昇率（傾き）は減らしていくのが自然である。

(10 人以降の区間で、10 未満の区間の傾きを超えるのはおかしい)。

た１人当たりの付加価値額である生産性ｂという金額を役員報酬とするのがよいと思います。10人前後というのは、組織論的に意味のある数値で、皆がお互いのことをよく把握している状態です。

別の言い方をすれば、１人の行動が目立つ小人数の状態でもあります。このような会社で、社長が自分だけ大きい役員報酬を取得すれば、社員はどう思うでしょうか。頭のよい社員なら、「社長は自分たちの稼いだ分まで取っている」と思うでしょう。ですから、10人くらいのところまでは、１人当たり付加価値額である生産性ｂを超えないほうがよいという考えです。

10人以降の区間では、人数が多いので、社長が1人当たり付加価値額である生産性ｂという数値以上に役員報酬を取っても、正当性は認められると思います。ただし、際限なく増額し続けるのは不自然ですから、グラフの傾きを抑えながら、終着点を決めなければなりません。その終着点として、ほとんどの会社を包含できる1万人に対して、限度額ｃを設定しました。これは、ある意味、社長1人に最大で何人分の価値を認めるかという議論です。

私の提案として、30人分が限度ではないでしょうか。再び組織論的な観点から、社長1人がコミュニケーションを取ってまともに把握できる部下は30人程度が限度であるとすると、それ以上の人数の会社では、社長が直接関与していないところで会社が回っているとも解釈できます。つまり、30人分以上の手柄を、社長1人に認めるのは無理があるということです。

では、具体的に試算をしてみます。例えば、第1章で登場したA社の社長ならば1，522万円、B社の社長ならば833万円といった具合に計算できます。他にも、実在する複数の会社で私が試算しましたが、精度は上々ですから、ぜひ、ご自身の金額を試算して参考数値としてください。

3　生産性を主眼に置いた人員の見直し（人件費の見直し）

生産性の水準を見ながら人数を最適化する

第1章でお伝えしたとおり、生産性を上げる方法は、粗利を上げるだけではありません。生産性があまりにも低ければ、場合によっては人員の配置換えや退職勧奨を行うことが有効です。特に、生産性の水準が500万円くらいの場合は、仕事が薄過ぎるので、人数が多過ぎると言わざるを得ません。

大切な役員や社員の人生がかかっている話なので、積極的に人を切って人数を減らしてくださいとは言えませんが、正直な話をすれば、役員も含めた不要人員の削減が、最も効果的に生産性を上げる方法なのは否定できません。

人数の最適化の進め方としては、次の3つが考えられます。

①　自己都合退職や定年退職による自然減少を利用し、その減少分を補てんしない。
②　取組姿勢や職務能力等に著しく問題のある役員または社員の退職勧奨を行う。
③　人員の削減がどうしてもできなければ、業務内容を絞って配置換えや減給をする。

実は、社長からの相談で多いのが、②の不良人員を何とか退職勧奨したいというものです。社長の気持ちはわかりますし、あらゆる面でよい効果が得られますので、何とか進めたいところです。

しかしながら、ご承知のとおり、法的なリスクも伴うことですから、必ず社労士や弁護士と相談しながら、正当なステップを踏んで、慎重に進めてください。

人件費の総額は削減するが生産性が上がるので給料は上げる

人員の最適化が図られると、人件費の総額が減少して営業利益が増加し、生産性が向上し、問題社員がいなくなって他の社員のモチベーションも上がるといった具合に、ほとんどいいこと尽くしです。

ここで1つやるべきなのが、残った社員の給料を上げることです。１人当たりの負荷が増えて、生産性が上がったわけですから、当然、給料も上げるのが筋です。生産性の向上によって、昇給原資を獲得したのですから、それをきちんと残された社員に還元してください。また、残された社員で仕事が回るようにするためのアウトソーシング費用（外注費）などに使ってもよいです。

なお、給料を上げるのが難しい状況の場合は、賞与にて還元するようにしてください。いずれにしても、ここでケチケチし過ぎると、後々、ろくなことがありません。

4　一般管理費の削減

福利厚生の一環としてのお菓子やジュースをやめる

先述のとおり、ここからは、一般管理費を少し細かく見ていきたいと思います。

まずは、会社で社員に食べさせているお菓子やジュースについてです。福利厚生の一環として用意している会社がありますが、食べ過ぎてはかえって健康を害してしまいます。わざわざ会社のお金を使って大切な社員を不健康にしないように、こういった飲食物は止めたほうがよいと思います。

福利厚生の一環で何か飲食物を提供したいのであれば、健康指導ができる専門家に相談するとか、昼食代の補助に切り替えるなど、社員の健康に配慮した方法を取るべきです。

広告宣伝費の無駄遣い

経費の無駄遣いの代表格に広告宣伝費があります。意味のない広告費を垂れ流し続けるのは、マーケティングの観点からも、非常に恐ろしいことです。詳しい説明は次のマーケティングの章でしますが、最も恐ろしいことは、「費用対効果や反響を全く確認していないこと」です。これは、出し続けたらそのうちに効果が上がるという幻想を抱いてしまっていることが要因の1つです。

今の時点で効果を認識できないのであれば、その方法に関しては、今後もずっと効果が上がらない可能性が極めて高いです。したがって、今直ぐ停止しても何の問題もありません。

会計事務所への過大報酬

社長の愚痴や不満で多いのが、会計事務所への報酬額です。地方企業の場合、税理士との昔からの付合いなどが多く、何となく変えにくいところがあるようです。会計事務所への報酬が高止まりしている原因としては、次の点が挙げられます。
・「先生」に遣う必要のない気を遣っていること。
・相見積もり（複数照会）をしていないこと。
・依頼作業の範囲を明確にしていないこと。

社長としては、会社のお財布事情を握られているので、心理的に強く出られないところがあるようです。

まずは、一歩踏み出すために、他社に見積照会することをおすすめします。現在の報酬が高いと感じているのであれば、かなり低い金額が出てくると思いますので、自分の感覚に自信が持てます。

それと、依頼範囲を明確にすることも大事です。申告、記帳代行、月次の資金繰り表・試算表などの作成、給与計算、税務・財務アドバイスなど、何をお願いするのかはっきりさせてください。

コンサルタントや経営塾の見直し

地方においても、コンサルタントを雇うとか、経営塾に参加することが一般的になってきました。また、実際に効果が得られることも多く、経営者の知見も広がります。しかしながら、現状の事業規模を勘案せずにたくさんやり過ぎると、経費がかかり過ぎて、かえって経営を圧迫してしまう場合があります。現状の支払能力を考慮しつつ、１つか2つに絞り、きちんと効果を出すことが大切です。

できれば、経営の全体最適を図れるよう、全体を見られるコンサルタントを雇うか、経営全般を学べる塾がよいと思います。その上で、必要に応じて部分的に専門特化したものを使うくらいが丁度よいです。

未活用の各種団体やコミュニティーの会費

各種の諸会費について、今一度、「参加目的」を明確にしてください。参加目的に対して、会費が過大であれば、迷わず退会すべきです。合理性がある参加目的としては、次のようなものが考えられます。

・何らかのコストメリットがある。
・会社の信用力が上がる。
・集客、顧客獲得、マーケティングの一環。
・大口の取引先との関係維持。
・経営者の勉強になる、経営者が成長できる。

逆に、合理性に欠ける場合として、次のようなことが見受けられます。

・社長の見栄のため。
・会社の損益を犠牲にしてまで行う活動。
・何となくただやめられない（漠然とした不安）。

・嫌な相手に強要されて仕方なく。
・社員や家族を犠牲にしてまで行う活動。

合理性に欠ける理由で各種団体に加入するとか、実情に合わない不釣合いなコミュニティーに参加することは、経費ばかりか、社長の貴重な時間を浪費します。最悪の場合、参加しているコミュニティーの悪影響で、社長のマインドをもむしばみ、会社を潰すことさえあります。大げさに聞こえる人もいるかもしれませんが、実際にそのようなことはあります。

売上や仕事につながらない接待交際費

接待交際費を使う「目的」は何でしょうか。基本的な目的は、売上や仕事につなげることです。私利私欲で接待交際費を使う経営者がいますが、私はこれを否定するつもりは全くありません。ただし、それが、売上や仕事にもつながっていることが前提です。完全な私利私欲での接待交際費の浪費は、会社の損益を不必要に悪化させ、ひいては自分の身を滅ぼします。

出張旅費や交通費の節約

お出かけが好きな経営者や社員の影響で、出張旅費や交通費が嵩むことがあります。たまには気晴らしたい気持ちはわかりますが、用もないのに客先に訪問するのは時代遅れですし、相手も迷惑です。訪問すること自体が提供価値の一部であればよいのですが、それ以外はウェブ会議やICTツールを活用するようにしてください。

通信費の削減

近年、ICTツールの発達に伴い、スマホやタブレット、ポケットWi-Fiなどの契約が増加しています。これに比例して、不必要な端末の契約も増えています。現状の会社の資金力を考えて、不必要な端末は、徹底して解約してください。

消耗品費を引き締める

消耗品の購入については、金額も小さいことから、社員に裁量を委ねている会社が多いです。業況がよく、社員のレベルが高ければ、正しいやり方だと思います。

しかしながら、業況が悪い場合は、無駄遣いとなることがほとんどです。社員からすると、自分のお財布ではないと思っていますから、無駄なものを気軽に買ってきてしまいます。社員に任せている場合は、状況をよく観察し、社員から裁量権を取り返すことも検討してください。

無駄なクルマは持っているだけで経費がかかる

地方の企業では、移動手段がクルマであることが多く、必須アイテムとなっています。必須アイテムだからこそ、クルマにかかる経費の管理は徹底して欲しいものです。

何らかの意図で、身の丈に合わない高級車に乗っている社長がいますが、ほとんどの場合、合理性に欠けており、経費を圧迫するだけです。ここで多くは述べませんが、身に覚えのある方は、会社の実情を鑑みたクルマに乗り換えるべきです。

他には、「予備」や「たまに使うから」といった理由で、余剰な台数を保有している会社がありますが、クルマは持っているだけで経費がかかると肝に銘じてください。

クルマにかかる経費を抑えるために、燃費やガソリン代についてはほとんどの企業が気に留めていますが、高速料金については気に留めていないことがあります。割引を受ける方法を取ってください。

クルマを購入する際、取得よりもリースのほうが安いと思い込んでいる方がいますが、普通に考えて、トータルコストでリースが有利になることはあり得ません。取得したクルマを買替え時期まで大事に乗り潰すほうが安いのは自明です。

新聞や雑誌の定期購読の解除

新聞や雑誌の定期購読は、「明確な目的」がなければ、経費と時間の無駄になります。会社の経費で購読するのですから、当然、買った情報は、何らかの経営改善や事業活動に資するのが原則です。しかしながら、専門的な新聞や雑誌ならともかく、一般的なものからそれらが得られることは少ないはずです。また、「ただ何となく」という理由で定期購入している場合がありますが、誰も読んでいないことも散見されます。

5　機械装置や事業用車両をリース契約してはいけない

きちんと金融機関から借入れを行い取得するのがよい

製造機械やトラック・重機などの事業用車両の設備投資を、リース契約にて行っている企業がありますが、トータルコストはかなり増大しています。

また、機械装置などについては、リース契約の更新や解約時にトラブルが多く、リースの利用はおすすめできません。

そもそも、リースに求める機能は何でしょうか。基本的には、保有すると持て余してしまう部分の調整しろの役割を期待しているはずです。

もし、ローンの機能を期待しているのであれば、それは的外れな判断です。取得費用がないのであれば、きちんと金融機関から借入れを行ってください。最初からきちんと取得して、自社の資産にすべきです。

特に、耐用年数が長く、技術的にも進歩が少ないものについては、必ず取得するようにしてください。減価償却が終わってからも大事に使い倒すからこそ、コストメリットが享受できます。大事な設備投資をリース契約していては、おいしい部分を捨てているようなものです。

6　取引金融機関は2つに絞ってバランスよく付き合え

他の取引先と同じように接し銀行に気を遣うのをやめろ

地域密着企業の特徴として、地方銀行にいろいろと経費を使い過ぎていることが挙げられます。

まず、目につくのが、各種の手数料です。ネット銀行ならば、ネットバンキングの月額利用料は無料が常識ですし、振込手数料も圧倒的に安いです。

次に、銀行融資を1社に限定している会社もまだ散見されますが、これはどう考えても不合理です。金融機関同士を競争させていないため、不必要に高い利息を払うことになります。融資の際は、必ず2社と話をするようにしてください。

銀行に過分に気を遣う経営者がいますが、特段の気遣いをしないと、意地悪をされるとか、不利になることはありません。他の取引先と同様に、普通に誠実に接し、信頼関係をつくればよいのです。

他には、目に見えないコミュニケーションコストもあります。経費の管理が甘い社長は、やたらとあちこちの銀行の口座を開設している傾向があります。基本的に相手を2社に絞らないと、融資の相談で何社とも何度も面会するとか、資料作成や打合せをするなど、無駄な労力がかかります。

また、口座の数が多いと、記帳の手間もばかになりません。

以上のような観点から、結論としては、地域に店舗のある金融機関の口座を2つに絞り、これに加えてネット銀行1社を使うのがちょうどよいと思います。

7 過大な保険加入の是正

常に2社と付き合い、保険に対する考え方を自分で確立する

保険の掛け過ぎによって、経費がかかり過ぎている会社があります。事業を安全に進める上で補償を準備することは必要かもしれません。しかしながら、現状に見合わない過大な保険加入は、かえって経営を圧迫することにもつながります。

補償内容や掛金などを適正に保つには、先の金融機関と同様、2社と付き合うようにしてください。常にどちらかに見直しをしてもらうことにより、適正な内容を保つことができます。

また、補償内容について、保険会社に任せきりにせず、補償額の算定ロジックを自分で持つなど、保険に対する自社の考え方を確立していくことも大事です。

8 節税という名の駆込み経費算入をやめる

実態は無駄遣いのほうが大きい

期末になると、「何か今期のうちに買っておくものはないか」というお決まりの話題があります。

節税になると言う人がいますが、これは完全に感覚的なものでしかありません。急いで何かを経費算入したところで、本質的にはただの利益の繰延べでしかなく、来期の利益が増えるだけで何の意味もありません。

焦って何かを買うとか、節税という名目で買物をすると、結局は必要のないものを買うことが増え、無駄遣いが多くなります。そこまで節税したいと言うのなら、いっそのこと、社員に期末賞与を支給するくらいの人格を発揮して欲しいと思います。もし、社員に分配しようと決断する社長がいれば、私は心からの賛辞を贈ります。

9　経営者「家族」の私的な支出は絶対に許してはならない

常識を逸脱する人間が必ず現れ、社長の手に負えなくなる

経営者「家族」の私的な支出を経費として容認している社長がいますが、絶対にいけません。よくあるパターンとして、ガソリン代、携帯代、社用車の私的利用、家で使う消耗品類などが挙げられます。軽い気持ちでこのようなことを許していると、それが当たり前のこととなり、「もらって当然」という勘違いを起こす場合があります。

他方、社長であれば、働き方から考えても、公私の区分けが曖昧なところがたくさんあります。一見、私的な支出のように見えても、経費として充分に正当性のあるものはたくさんあると思いますので、私としては全く問題視していません。しかしながら、このようなことは、社長である自分だけに止めておかないと、「家族」は自分ではありませんから、いつか収拾がつかなくなります。

それに、家族という理由だけで、社員にはしない特別扱いをしていることが社員に露見したら、申し開きができません。

10　死に金を生きた金に戻す（寝ている資産を現金化する）

無用な借入れを減らし、本業に最大限投資すべし

ここで、損益計算書の経費の話題ではなく、貸借対照表の資産の話題に少し触れたいと思います。私が業績の悪い会社の貸借対照表を見ると、次のような不要資産が目につくことがあります。

・活用できていない土地（簿価を大きく割り込み、利回りもない）。
・塩漬けになった上場会社の株式（含み損があり、配当も少ない）。
・その他、現金化できそうな不用品や不良在庫、遊休設備など。

これらの資産については、だらだらと保持していても何のメリットもありません。私がこのように助言すると、例えば、「活用できていないかもしれないが、この土地が担保としてあるから借入れができている」と言う人がいますが、考え方を変えたほうがよいです。不要な土地などの資産を維持するために、借入額がかさんでいるというのが正しい判断だと思います。無用な借入れを減ら

すためにも、こういったものは潔く現金化して、本業に再投資するほうがよいです。
また、経営者として、今やっている事業が一番得意であり、自分の中で投資対リターンが一番大きいと信じているはずです。経営者であるならば、余計なところに資産を分散してしまわず、本業に最大限投資すべきです。そうでなければ、「なぜ、その事業をやっているのか」ということにもなってしまいます。

11　経費の使い過ぎは経営者の心の問題でもある

心が変わらないと同じ過ちを繰り返す

ここまで、経費を適正に抑えるためのテクニックや考え方の話をしてきましたが、最後に、経営者のマインド（心）の問題に触れたいと思います。技術的には、本章で述べてきたことを実行すれば解決できますが、経費の使い過ぎという問題については、経営者の心の問題も大きいです。

具体的な心の問題の例としては、次のようなパターンが挙げられます。

- 見栄や付合いで、接待交際費などを適正に抑えられない。
- 生活水準を下げられず、身の丈に合った役員報酬を設定できない。
- よさそうな製品やサービスがあると、現況の支払能力を顧みず、ついつい買ってしまう。
- 負債が大き過ぎて、正常な金銭感覚や良識を失っている。

これらのことは、経費削減テクニックだけでは解決できません。テクニックは所詮、テクニックです。私がコンサルティングの場で社長を説得し、一旦は経費を適正に抑え込んだとしても、根本的なマインドが変わらない以上、いつか同じことを繰り返します。身に覚えのある方は、自分の弱い心に素直に向き合って欲しいと思います。

1年かけて心を整える

本章の初めに、経費削減は即効性があると言いましたが、作業を完遂するには1年間くらいかかります。これは、いろいろな製品やサービスの見直しを行っていく際、それぞれの契約期間が残っているとか、代替品を見つけるのに時間を要するといった事情からです。経費削減は、即効性もありますが、すべての経費削減の効果が満額で乗ってくるのは1年後です。

私としては、この経費を見直している1年という期間のうちに、経営者の心も整えていって欲しいと思っています。今までお金を使っていたものを止めたり変えたりするわけですから、思いのほか、精神的にも多少の負荷や変化があります。

今までお金を使っていたものを1つずつ丁寧に見直し、熟考していくと、自分の考え方も整理され、マインドも改善していきます。これに伴って、経費や投資に対する判断力も向上します。同時に、業績がよくなるので、ここで油断しないように注意も必要です。1年間、油断せずに取り組めば、2年目にはしっかりと自分の考えを固めることができるようになると思います。

第3章　集客・マーケティングの改善

1　本当に売るべきはドメイン（コンセプト）

集客やマーケティングのテクニックの前に「事業の定義」を見直す

近年、集客やマーケティングのテクニックの普及は目覚ましく、経営者の独力でも充分な情報収集が可能な時代になりました。その一方で、ここに落とし穴が生まれ、集客やマーケティングのテクニックにはまり込み、本質を見失っていることも散見されるようになりました。

私の言う本質とは、デレク・F・エーベル氏が提唱した、「事業の定義」または「ドメイン」という概念のことです。同じ意味の言葉として、人によっては「コンセプト」と言ったりします。

聞き慣れない人もいると思いますので、私の好きな食べ物で、誰にとっても身近であるラーメンを例に説明します。私は、ラーメン屋に行くのが好きなのですが、皆さんはどんなラーメン屋が好きですか。私は、味にうるさい上に、健康志向が強いので、「美味い無化調ラーメン」を提供してくれるお店を探し求めています。どのラーメン屋に入るかは人それぞれですが、他にはどんなラーメン屋が考えられるでしょうか。例えば、、昼間忙しい外回りのビジネスマンのランチタイムには、「提供時間超速ラーメン」の請けがよさそうです。それとか、「たくさん食べたい！　とにかくコスパだ！」という人には、「激安超大盛りラーメン」はどうでしょうか。

さて、同じラーメン屋でも、このように随分と様相が違うわけですが、これらを「ドメイン」の

【図表８　事業の定義（ドメイン、コンセプト）の例】

	美味い無化調ラーメン	提供時間超速ラーメン	激安超大盛りラーメン
①　誰に（市場、顧客）	健康志向が強い人	ランチタイムが忙しい人	安くたくさん食べたい人
②　何を（価値、機能）	無化調だけど美味しい	注文したら直ぐに出てくる	安いのに超大盛り
③どのように（方法、技術）	化学調味料に頼らない調合	提供時間を速くできる操業	原価を抑える様々な工夫

違いと言っているわけです。これはわかりやすそうでわかりにくい言葉なのですが、エーベル氏の経営理論を援用すると、次の３要素を決めることでドメインが固まります。

①　誰に（市場、顧客）
②　何を（価値、機能）
③　どのように（方法、技術）

ここで、今話題に挙げた３つのラーメン屋について、ドメインを決める３要素で簡単に整理すると、図表８のようになります。それぞれ、客層も違う、提供するラーメンの価値も違う、つくり方や店舗運営の仕方も違うのが想像できるでしょうか。三者三様、これだけドメインがはっきりしていて売れそうであれば、しっかりと顧客に伝わり、どのラーメン屋も繁盛しそうです。

また、このような本質的な整理をすることによって、話は「何屋か（業種は何か）」ということでは済まないのも容易に理解できます。図表８はラーメン屋だけの比較ですが、必ずしもラーメン屋でなくとも、満たせる要素はいくつもあります。

このような本質的な対比においては、他の飲食店や飲食物なども含めた、ドメイン同士の戦いになることが理解できます。

売れるドメイン（コンセプト）でなければ話にならない

ひるがえって、御社の事業や商品のコンセプトは、はっきりしているでしょうか。最終的には製品やサービスを売るわけですが、顧客は、製品やサービスを通じてコンセプトを手に入れたいのです。本当に売るべきは、コンセプトなのです。そのコンセプトが、はっきりと顧客に伝わり、売れるものでなければ、この後に述べる考え方やテクニックをいくら使っても、成果は上がりません。

そもそも、売れるコンセプトでなければ、勝負はそこで決まっているのです。どうか、集客やマーケティングのテクニックに走る前に、大本の土台となるコンセプトがぐらついていないか、熟考してください。

2 「商品はよいのに売り方が下手で売れない」はウソ

価値づくりから逃げない

コンサルタントや経営者の間で、「地方の企業はよいものを持っているのに、売り方が下手で売れない」などという俗説があるようですが、これは本当でしょうか。私の経験上、残念ながら、ほんの一部を除いて、ほとんどの場合は価値がなくて売れないことに対する言い訳です。

以前、知合いの経営者から、「ラーメン屋の売上を上げるコンサルティングはできるか」と照会がありました。無論、できますが、私は即答せずに、「そのラーメン屋のラーメンは美味しいですか」という質問を返しました。私のこの質問に対して、その経営者は閉口してしまいました。

ラーメン屋で考えれば単純なことですが、不味いラーメンは何をやっても売れないし、仮に、集客やマーケティングのテクニックを駆使して売ったら、詐欺のようになってしまいます。

価値があって売れるものというのは、多少、集客やマーケティングが下手であっても、ある程度は自然に売れます。厳しい言い方をすれば、あまり売れないというのは、結局、そんなによい商品ではないという可能性が高いのです。商品に改善余地があるのに、思うように売れないことを集客やマーケティングのせいにして逃げてはいけません。

繁盛しているラーメン屋を、集客やマーケティングの観点から見てください。基本的にラーメン屋は、そんなに大掛りな集客やマーケティングはしていません。どのラーメン屋も、店舗外観（看板広告）と、SNSくらいしかやっていません。これで、繁盛店は繁盛しているのです。

くれぐれも、本業は、付加価値の創造であることを忘れないでください。価値づくりからは、絶対に逃げてはいけません。もし、今の話題に少しでも心が動いたのであれば、最優先で改善あるのみです。

集客やマーケティングのテクニックは、後でどうにでもなりますが、価値づくりだけは、自分の心血を注がない限り、どうにもなりません。

3　危険キーワードその1・「強み」と「差別化」

強みはほとんど機能していないのでまずは営業や集客をがんばる

よく耳にする言葉に、「強み」と「差別化」というものがありますが、私はコンサルティングの現場でこれらの言葉を使うことはまずあり得ません。これらの言葉を使わない理由と、注意したいことを説明するために、読者の皆さんに聴きたいことがあります。

今、読者の皆さんの会社の売上が順調に上がっているとすると、その成功要因は、次の3つのうちどれだと思いますか。ただし、今、上手くいっていない場合は、逆の意味に読み替えてください。

① 強みを発揮できている。

② 差別化が機能している。

③ 営業や集客が上手い。

①や②と答えた人に、注意喚起したいことがあります。私の今までの経験上、地方企業においては、②の差別化が機能していることは多少ありますが、特に、①の強みを発揮できていることはほとんど見たことがありません。実際は、③の営業や集客が上手いことと、②の差別化が少し機能しているということが成功要因の大部分です。

私の認識では、強みとは、本来、価値のあるものに対して、更に、希少性や模倣困難性、組織体制などが相俟って発揮されるものです。残念ながら、地域密着企業においては、このようなとてもないレベルに到達している企業はほとんどないので、強みが発揮されているという認識は、ほとんどの場合で勘違いです。

現実は、単に③のことが多く、言うなれば、「他社より上手に目立っている」のが成功要因です。したがって、まずは、強みがどうこうなどと言うよりも、先のドメイン（コンセプト）と価値づくりをしっかりした上で、それを上手に伝えるための営業や集客のテクニックを磨くほうが報われます。

差別化もあまり機能していないのでまずは営業や集客をがんばる

次いで、②の差別化についても、あまり機能していないと思いますので、同じく注意が必要です。

私の認識では、差別化とは、本来、「寡占」状態の市場に適用される考え方です。寡占状態とは、同一産業内で、少数の企業が、その市場を支配している状態のことです。これは、競合する相手や商品が、決まったいくつかしかなく、全体像がほとんど把握でき、顧客から見てある程度整理されているという競争環境下という意味です。例えば、自動車メーカーなどがこれに当たります。

他方、地方の企業の多くがさらされている競争環境下とはどのようなものでしょうか。ほとんどの場合、「混沌（カオス）」状態のはずです。ここで私の言う混沌（カオス）とは、寡占状態とは逆で、競合する相手や商品がやたらと多くて、全体像が把握できず、顧客から見て入り混じっている状態という意味です。差別化とは、顧客の心の中での重要な購買理由について、ある程度知られている競合同士の間で、明確な差異を認識させる戦術ですから、混沌（カオス）の中においては、効果は限定的です。

つまり、見込客は、買おうとしている商品について、必ずしもすべてを調べ尽くして比較検討しているわけではなく、ある程度でよさそうだと思ったら、その時点で買うことを決めたりします。先のラーメン屋などもそうですが、どこのラーメン屋にいくか、必ずしも近隣にたくさんあるラーメン屋をすべて調べ上げて、差別化要素を深々と吟味して決めているわけではないのです。

以上から、先の強みと同様、地方の企業において差別化が機能しているというのは、一部を除いて勘違いです。実態は、営業や集客の努力で「他社より上手に目立っている」のが成功要因です。

したがって、先と同じく、ドメイン（コンセプト）と価値づくりをしっかりした上で、それを上手に伝えるための営業や集客のテクニックを磨けばそれでよいのです。言い方を変えれば、同じ地域や日本のどこかに、自社と似たような商品があったとしても、差別化うんぬんより、「上手に告知して見込客の目につくように騒いだもの勝ち」だということです。

4　大事なのは「既存顧客の購買理由」と「自分たちの提案価値」

機能しているかわからないお作法よりも実利を取る

今まで信じてきた「強み」や「差別化」という考え方を、いくらか否定されて戸惑っている人もいるかもしれませんが、私としては、それよりも大事な次の2つの発想を代わりに提案します。

① 既存顧客の購買理由（既存顧客は、なぜ、買ってくれたのか）。

② 自分たちの提案価値（見込客に認めてもらいたい価値は何か）。

まず、①の既存顧客の購買理由についてですが、これは、あれこれ無駄に自分で考えずに、顧客に素直に正解を聴くという考え方です。既に買ってくれた顧客がいるのだから、その購買理由が、他の見込客にも通用する答えそのものだということです。不用意に自分で考えると間違えのもとになるので、聴取り調査やアンケート調査によって、そのまま答えを抽出してください。

次いで、②の自分たちの提案価値というのは、提供側の発想で、見込客に認めてもらいたい価値を発信するという考え方です。新たな発想や顧客の価値判断に訴えかけるような主義主張を、存分にして欲しいと思います。

このように、「既に認めてもらっている価値」と「新しく認めてもらいたい価値」の両方を盛り込むことによって、集客やマーケティングの成果が上げやすくなります。言うなれば、マーケットイン的な発想と、プロダクトアウト的な発想のどちらも使うということです。

ところで、発想の起点として、マーケットイン（顧客側の発想）とプロダクトアウト（提供側の発想）のどちらがよいかという議論がありますが、不毛な議論なので、あまり気にする必要はありません。現実問題として、これら2つの発想は、明確に分離できるようなものではないですし、マーケティングは結果がすべてであり、売れればどちらでも構わないことです。

5 危険キーワードその2・「ブランディング」と「広報」

ほとんどの会社で時期尚早であり、その前にやることがある

もう1つ私が警戒しているキーワードとして、「ブランディング」と「広報」があります。

結論から言うと、地方企業においては、ほとんどの会社で時期尚早な活動です。やるにしても、身近なできることからやればよいのですが、往々にして、外部の専門家を雇うとか、内部で選任者を雇って、それなりに経費をかけてプロジェクトのようにやってしまいます。そして、ほとんどの場合で、ブランディングごっこや、広報ごっこといった感じの、効果の上がらない「ごっこ」に終わります。

私の認識では、ブランディングや広報とは、何かしらの好意的なイメージによる選好性をつくり出すとか、購買に結びつけることを必ずしも意図しない相手にも認知を広めることであったりします。

やってはいけないわけではないですが、売上アップの施策をブランディングや広報に求めても、期待した成果が上がらない可能性が高いです。

一般的に、資金力に乏しい地域密着企業は、このような活動をする前に、もっと優先すべき、集客・マーケティング活動があります。

6 「今すぐ客」と「もうすぐ客」を全力で取りに行け

優先順位を絶対に間違えない

では、先のブランディングや広報といった危険な「ごっこ」に惑わされず、実利を得ていくにはどうすればいいでしょうか。

本当にやるべきことは、「今すぐ客」と「もうすぐ客」を全力で取りに行く、地に足のついた集客・マーケティング活動を展開することです。

まずは、相手にする客を区分けして考えるのが大事なのですが、図表9のように、「今すぐ客」「もうすぐ客」「これから客」「買わない客」の4層に区分けして考えてみてください。

私の考える「今すぐ客」とは、需要が顕在化しており、既にあなたの製品やサービスを探しているか、買う気満々な状態の顧客のことです。

【図表９　集客・マーケティングが上手くいく考え方】

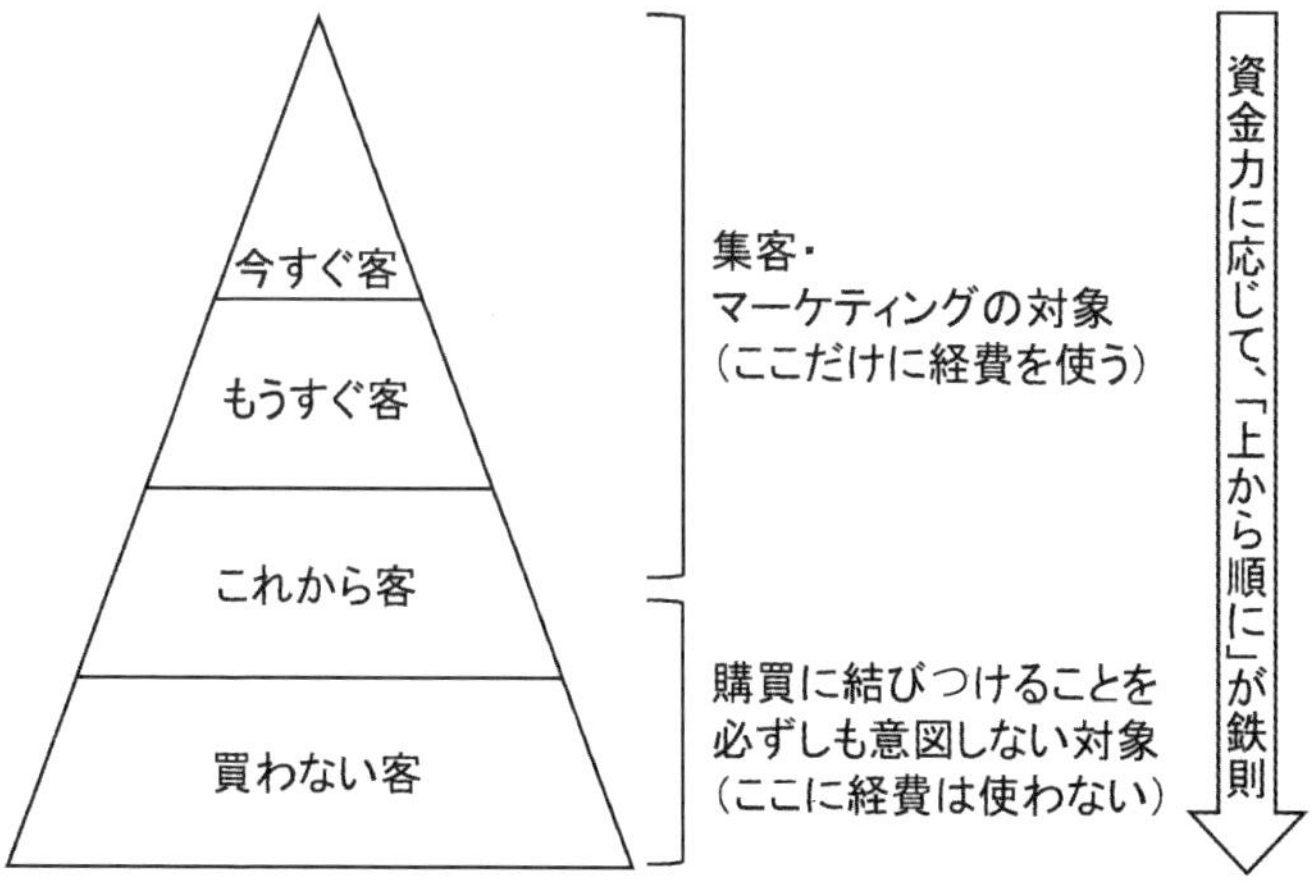

次の「もうすぐ客」とは、同じく需要が顕在化しており、積極的な購買行動は取っていないものの、こちらから声をかければ短期間で購買に結びつく層です。

3層目の「これから客」は、潜在顧客のことで、長期的に需要を喚起することによって、将来的にその需要を顕在化できる層です。

一番下層に示した「買わない客」というのは、未来永劫顧客になり得ない層のことを意味しています。

さて、このような区分けをしたときに、一般的に集客力や資金力に乏しい傾向にある地方企業がまず狙うべきは、どの層でしょうか。言うまでもなく、明らかに、上の2層です。当然ですが、取り組む順序は、資金力と相談しながら、「上から順に」が鉄則です。

ブランディングや広報といった活動は、購買に結びつけることを必ずしも意図しないので、ある意味、下の2層にもアプローチする考え方であり、上の2層をやり尽くしていないうちは、非効率で無駄にお金がかかるやり方になる可能性が高いのです。それよりも、明らかに集客・マーケティングの対象である、「今すぐ客」と「もうすぐ客」に、しっかりと直接的な提案営業や広告宣伝をするほうがよいのです。

誤解しないでいただきたいのですが、ブランディングや広報といった活動をしてはいけないということではありません。会社や業界の状況を鑑みた上で、順序を守ってやらないと、時間や経費ばかりかかって、実利が得られないということを伝えたいのです。

7　1回やってダメな広告宣伝は何度やってもダメ

1回やってダメだったのなら「今すぐ客」すら反応しなかったということ

先の客層の優先順位を理解していない失敗例として、1回やって反応がなかった広告宣伝を何回も繰り返してしまうことがあります。

例えば、「最初はダメでも、何回も同じチラシをまき続けることで、徐々に認知が進んで、少しずつ反応が取れるようになる」という人がいますが、これは正直、正しい考え方ではありません。もし、ある日突然、この論理で反応が取れたとしたならば、それは恐らく、全く別の要因によりもたらされた結果です。例えば、外部環境や人々の価値観が突然大きく変化するような衝撃的な出来事があったなどです。

では、なぜ、1回やってダメなものは何度やってもダメなのでしょうか。先の図表9をもう1度見てください。1回やってダメだったという結果の正しい解釈は、「今すぐ客」すら反応しなかったということです。その商品が、今すぐ欲しくて探し回っているはずの客に情報を届けたにもかかわらず、購買には結びつかなかったのです。したがって、1回やってダメな広告宣伝は、基本的には何度やっても結果はゼロのままです。

これは、やっていることのうちの何かが間違っているという明確なサインです。このサインを見過ごして同じことを繰り返してしまうと、膨大な時間や経費を浪費することにもなりかねません。ここで一旦、立ち止まって、何が間違っているのか熟考する必要があります。

「まずは知ってもらうことが先」という間違い（認知を広めたところで何も起きない）

もう1つ、同じ広告宣伝を繰り返してしまう失敗例があります。先と似たような考えですが、「とにかくまずは知ってもらうことが先だから、認知を広めなければならない」というものです。

この考え自体は間違ってはいませんが、問題は、中身です。先と同じく、図表9から考えれば、やはり、「今すぐ客」すら反応しなかったのだから、知ってもらったがダメだったと考えるべきです。

また、認知を広めるという名目で、図表9の下層の客にも無作為にアプローチしてしまうこともありますが、やはり購買から遠い相手に認知を広めたところで何も起きません。

考え自体は間違っておらず、問題は中身だと言いましたが、それは次のような要素が適切かどうかによるということです。

・広告媒体は何か？
・どんなメッセージか？
・商品（価値）は何か？

広告宣伝の効果性は、これらの要素が相俟って決まっています。広告の中身が適切でなければ、いくら認知を広げても、無意味か、効果が極めて薄い状態が続きます。逆に、これらの要素を適切に修正するために、１回やって直ぐに反応が出なかったら、何かを変える必要があります。

8　ダメな広告宣伝はどうやって直せばよいのか

結果に影響を与える要素を1つずつ確認し、結果が出るまで諦めずに修正していく

反応が取れる広告宣伝を行うには、先に少し触れた３つの要素をつぶさに確認する必要があります。これは、何が悪くて反応が取れなかったのかを特定する作業でもあります。大きく３つに分けましたが、これらの要素を認識せずに暗中模索するのはとても危ないことです。

例えば、広告媒体は適切なのに、メッセージや商品がダメで反応が取れなかったりすると、その広告媒体が使えないものであると誤解してしまいます。逆に、メッセージや商品が適切なのに、間違った広告媒体を選択して無反応となってしまうと、商品に価値がないのかもしれないと誤解してしまいます。

このような間違いをしないように、これら３つの要素の勘どころを順に説明します。実際の作業においては、順番は入れ替えても構いませんが、基本的には、次の順序で見直しを行うのがよいと思います。

それと、これら３つの要素の修正に当たっては、１回で諦めないことが肝要です。原因は、これら３つの要素のどこかにあるのですから、それを見つけ出し、結果が出るまで諦めずに修正する粘

り強さも大事です。

確認その1：きちんとターゲットの目に触れる媒体か？　ターゲットと媒体の親和性は高いか？

最初に確認すべきは、そもそも、自分たちのメッセージが、本当にターゲットに見られたかどうかです。ターゲットが間違いなく見ているところに広告が出せているかどうかや、広告がターゲットの手元に間違いなく届いたのか、確認する必要があります。

これに加えて、ただ目に触れるだけでは不充分です。ターゲットとその広告媒体の親和性が高くないと、ターゲットは「そのつもりで」見てはくれません。いくらターゲットの目に触れるからといっても、こちらが売りたい商品と全く無関係の話題の媒体では、その商品に関心を持ってもらえる心理状態で見てはくれません。

確認その2：メッセージは魅力的で視認性が高いか？　デザインも魅力的で視認性が高いか？

次に確認することは、メッセージの品質です。キャッチコピーや顧客メリットなど、魅力的に思えるコピーライティング（広告文章作成）ができているでしょうか。地域密着企業では、この広告文章の作成が苦手な会社が多いですが、避けては通れない要素なので、最低限のポイントは押える必要があります。また、読みにくい字体やあまりに小さなサイズの字では読んでもらえません。

さらに、デザイン性も重要です。広告のデザインや、商品の写真など、見やすく、美しく、魅力的に感じるものであることが望ましいです。

確認その３：ドメイン（コンセプト）や価値づくりは大丈夫か？　高額商品ではないか？

確認1と2をしっかりやった上で、なお、反応が得られないのであれば、残念ながら、商品自体を疑う必要が出てきます。本章の最初に述べたドメインと価値づくりの時点から見直しをしてください。商品の価値を認めてもらえていないのだとすれば、媒体やメッセージをいくら工夫しても、売れることはありません。

ところで、商品自体がよくても、一般的にその商品が高いものである場合は、広告の反応はあっても、それだけで直ぐに売れることはありません。一般的に高額商品と言われるものを取り扱っている場合は、次項で説明する考え方を試してみてください。

9　高額商品が売れない、値下要求に対抗できない、成約率が悪い

顧客教育と信頼関係の構築を優先する

比較的に高額商品を取り扱う会社に言えることですが、ちっとも売れないとか、毎回の値下要求に対応できないとか、売れてはいるが成約率が悪いといった悩みがあります。これは、1つには、見込客がその商品の本来価値を理解しておらず、価値判断の基準が提供側と一致していないことに

【図表10　ギャップを埋めるための顧客教育と信頼関係構築】

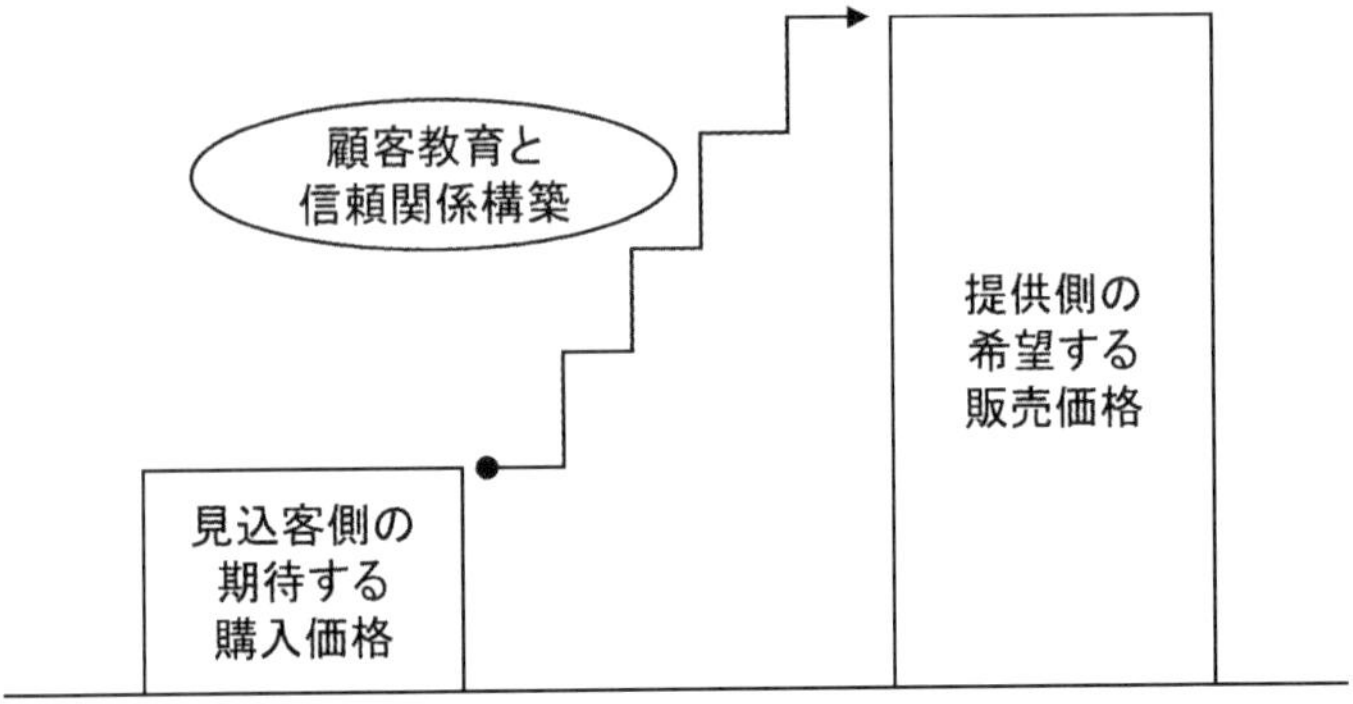

起因します。あるいは、こちらのことを信用していないことも考えられます。この構図を図示すると図表10のようになります。同図のような状況だと、互いの想定価格にギャップが生まれ、思うようにいかなくなります。

これを解消するための考えとして、「顧客教育」をすることをおすすめします。少し上から目線で偉そうな言葉に感じるかもしれませんが、玄人の提供側が、商品の本当の価値や、それを適正に判断できる知識を得ていない見込客を教育して引き上げるのです。

コツとしては、「頼れる専門家」という立ち位置をつくり出すのが有効です。偉そうにするのはよくありませんが、知識面で頼られるような構図が望ましいのです。

これと同時に、提供側の会社情報の開示をし、人間味のあるやり取りもしながら、信頼関係も醸成してください。そうすれば、自然とギャップは埋まります。

具体的なテクニックとしては、フロントエンド商品とバックエンド商品という2段階構成の販売プロセスを利用して顧客教育を行ってください。これらの言葉はマーケティング用語ですが、「導入商品」と本当に売りたい「本命商品」のことを意味しています。頼れる専門家という立ち位置をつくり出すには、導入商品として、セミナー、勉強会、相談会、展示会、診断業務などを行うのが有効です。

10　手段（マーケティングツール）と目的（売上アップ）の混同が起きやすい

新しいものを試すのも大事だが目的から考えるのが正攻法

近年、新しいマーケティングツールが次々と登場してくる影響で、手段と目的の混同が起きやすい状況も見受けられるようになりました。集客やマーケティングの目的は、無論、売上アップです。しかし、マーケティングツールを試しているうち、段々とそのツールを使うことが目的化してしまっていることがあります。

例えば、SNSなどはその最たるもので、「無料で使えるから、これで集客してみよう」となってしまいがちです。先の広告宣伝の修正方法でも述べた通り、まず、SNSが自社のターゲットに対して、最も適切な媒体かどうかを判断すべきです。

SNSは、そのほとんどが元は販売行為を目的に開発されたツールではないですし、SNSをマーケティングツールとして運用することは、他のツールに比べて難易度の高いテクニックが必要です。SNSを使うこと自体が悪いと言っているのではなく、無料であることよりも、先の図表９の考え方に照らして、優先的に取り組むべきことであるかどうか、あるいは効果が大きいかどうかで判定すべきです。

SNSを例に説明しましたが、これは他のすべてのツールにも言えることで、そのツールが目的に対して適切かどうかを最初に判断しなければなりません。新しいツールや手法を試してみるという姿勢は大事ですが、基本的には目的から考えないと、時間や経費を浪費してしまいます。

11 集客・マーケティング手法は2つに絞り込め

きちんと成果を上げることとリスクヘッジの両面からまずは2つに集中して取り組む

集客やマーケティングで見受けられる失敗として、最初から多くのツールに手を出してどれもものにならないとか、先に述べたように、優先順位を決めずに効果の薄いものに注力して時間や経費を浪費するといったことがあります。私は、この問題に対する助言として、集客・マーケティング手法は、まずは2つに絞るように伝えています。

会社ごとに何をやっているかはそれぞれだと思いますが、例えば、折込みチラシとインターネット広告、訪問営業と経営者交流会への参加、SEO対策とSNS運用といった感じで、とにかく2つに絞るということです。なぜ、まずは2つに絞り込むのか、次に理由を説明します。

理由の1つは、集中してきちんと大きな効果を出すことにあります。地方のほとんどの会社は、資金力や人員が限られているので、何でもかんでも手を出すと、どれも中途半端に終わり、成果が上がりません。

マーケティング専門のコンサルタントは、「あれもやりましょう、これもやりましょう」と言って、資金力や人的リソースを無視してどんどんやらせますが、やってはいけません。なぜなら、１つや２つもできていないうちから、３つ目、４つ目と手を出しても、成功する道理がないからです。まずは、一番効果の高いものから順に２つ、きちんとやることが大切です。

もう１つの理由は、リスクヘッジの観点で２つと言っています。たった１つの手法だけで集客していると、それが故障するとか、壊れた場合、集客力はゼロになってしまいます。さすがにそれはまずいので、２つがちょうどよいのです。

以上を端的にまとめると、３つ以上は手を出し過ぎであり、１つだけだと不安が残るということです。２つのことがきちんとできたら、そのとき初めて３つ目、４つ目の手法に手を出すようにしてください。一歩一歩、着実に進むことが大事です。

12　実は、単純な値上げが一番効果的だったりする

需給バランスをある程度崩して価格決定権を引き寄せる

集客・マーケティングの大事な考え方やノウハウを散々述べてきましたが、本章の最後にお伝えしたいのは、単純な値上げです。値上げという戦術は、極端に言えば、値段を変えるだけの作業で

あり、ある意味、究極の生産性向上策かもしれません。実際、種々のマーケティングツールを駆使して顧客数をいくらか増やした後、この施策を実行したときが一番効果的だったりします。

ただし、当然、やみくもに上げればいいというものではありません。価格決定の原理としては、単純な需給バランスで考えるようにしてください。その商品が欲しい人が多ければ価格は上げられるし、少なければ上げられないという単純な原理です。

したがって、まずは需要が多くなる側に需給バランスをある程度崩して、価格決定権をこちら側に引き寄せるのが先です。その上で、状況を見計らって、値上げを決行してください。

値決めは自信。だが、自信過剰もよくない

具体的に価格をいくらに上げるかの議論になったとき、考え方や判断基準はいくつかありますが、私としては、最終的には「値決めは自信です」と助言しています。いい加減な助言と思われるかもしれませんが、経営者や営業担当は、競合の状態や、顧客の反応、原価など、様々なことを総合的に勘案した「カンジニアリング」を普段からきちんとしているので、残る要素は自社に対する自信なのです。したがって、自信を持って値段を上げられる根拠や要素をたくさん集めることが大事です。

ただし、地方においては、自信過剰もよくありません。業界や商品にもよりますが、地域の調和を無視して、調子に乗ってどんどん値上げをした結果、気づいたら誰もいなくなっていたなどとならないように注意してください。

第4章　経営戦略、新規事業、投資判断

1　経営計画は立てても立てなくてもどちらでもいい

上手くいく気がするほうを好きに選べばそれでよい

「経営計画は立てても立てなくてもどちらでもいい」などと言うと、びっくりする経営者もいるのではないでしょうか。実際、この言葉で、何人かの経営者をびっくりさせてきました。それと同時に、今からお伝えする話によって、ある種の解放感や安堵感も提供できたようです。

私からすると、むしろ、「経営計画は毎年必ず立てるものだ」と思い込んでいることのほうが、びっくりします。そのように思い込んでいた事情を聴いてみると、皆さん同じように、「経営者の勉強会で教わった」と言います。

何割かの社長が、経営計画を立てないと上手くいかないと思い込んでいるようですが、そのような事実はありません。少なくとも、私は、経営計画を立てたら上手くいくという証拠を見たことはありません。実際、私の客先でも、計画を立てる人と立てない人と半々くらいだと思いますが、そこに優劣など確認できません。

少し種明かしをすると、これは、単に「どちら派か」という話なだけで、どちらもあり得るということです。例えて言うならば、旅行に行くときも、綿密に計画を立てる人とあまり立てない人がいるのと同じです。どちらのほうが楽しい旅行になるかと言ったら、それはその人によるのでわかりません。自分に合うと思う方法を選ぶだけのことです。

しっくりきていないなら考え方を変えてみたほうがよい

私が、どちらでも構わないと言うと、「煩わしい仕事を1つ減らせて、楽になる」と誤解されるかもしれませんが、そういう話でもありません。要は、自分に合っているかどうかが大事です。

今まで無計画を繰り返し、一向に上手くいっていないのであれば、計画を立てたほうがよいタイプの経営者かもしれません。逆に、計画に縛られて、柔軟性が損なわれているように感じるのであれば、計画を立てないほうがよいタイプの経営者かもしれません。

いずれにしても、今、しっくりきていないとか、上手くいっていないように感じるのであれば、考え方を変えてみることをおすすめします。

経営戦略はいくつもある

さらに話題を拡大すると、「経営計画を立てる派」というのは、いくつもある戦略思考のうちの1つに過ぎません。

経営戦略論の大家であるヘンリー・ミンツバーグ氏は、その著書『戦略サファリ』において、戦略思考のタイプを10もの学派に分類して議論しています。

計画を立てるか立てないかという議論は、少なくとも10ある戦略思考のタイプのうちの一部の考え方の是非を問うているに過ぎません。何もこのような狭い部分だけで議論を終始させる必要はありません。周りの言う形式論に囚われず、自分のやり方を柔軟に探求して欲しいと思います。

2　古いビジネスモデルや斜陽産業にしがみつかない

潔く、迅速に行動し、次に向かう

地方で業績が芳しくない企業のパターンの1つに、既に陳腐化してしまった事業を漫然とやり続けてしまっているということが挙げられます。ここで具体的な産業を挙げることはしませんが、どう考えても今後の需要が右肩下がりになる産業はいくつかあります。

古いビジネスモデルや斜陽産業と共に、社長も会社も滅びることを受け入れながらやっているのであれば理解できますが、ほとんどの人はそう考えていません。

現実問題として、斜陽産業を致し方なくやり続けている理由はいろいろあると思います。しかしながら、厳しい言い方をすれば、今となっては、ずっと前の時点で新規事業を立ち上げてこなかった経営者の言い訳にしかなりません。

こういった古いビジネスモデルや斜陽産業は、潔くリストラなどを決行して、強制的に生産性を上げ、営業利益を生み出す体質に外科手術する必要があります。あるいは、それさえも無理であれば、潔く清算して、会社員に戻ることも考えなければなりません。どうにもならないものにいつまでもしがみつくのをやめて、考えを次の行動に仕向けなければなりません。

3　新規事業を行う正しいタイミングと理由づけ

売上に困っているときに新規事業をやってはいけない

前項で少し触れた、新規事業の立上げの時期についてですが、適切なタイミングというものがあります。次のうち、どちらが正しい考え方だと思いますか。

①　売上に困っていないとき（不安がないとき）。
②　売上に困っているとき（不安があるとき）。

聞く前から正解はわかっていたと思いますが、無論、①が正解です。しかしながら、実態としては、割と多くの経営者が、売上に困っているときに新規事業に手を出してしまう傾向があります。

売上に困っているとき真っ先にやるべきは既存事業（本業）

社長が不注意に新規事業をやる理由として、「既存事業がダメだから、新規事業をやる」ということなのだと思いますが、これは、冷静に考えてみて、判断ミスだと言わざるを得ません。

なぜならば、少し厳しい言い方になりますが、今までやっていた一番得意なはずの既存事業がイマイチなのに、やったこともない新規事業が上手くいく道理がないからです。別の表現をすれば、新規事業は上手くいくかどうかの「再現性」が確保されていないので、失敗する可能性が高く、リスクが大きいと言えます。

このような観点から、売上に困っているのなら、真っ先にやるべきは、ある程度の再現性が確保されている既存事業（本業）の立直しです。まずは、どんな手を使ってでも、本業をプラスにするのが先です。この順番を守ることはとても大切ですから、絶対に忘れないでください。

新規事業を行うタイミングを間違えると業況は一気に悪化する

冷静な判断が下せず、既存事業の営業利益がマイナスの状態で新規事業をやるというのは、つまり、赤字の垂れ流しか、追加の借金でやるということです。そして、今お伝えしたとおり、基本的に新規事業は再現性が確保されていません。もしも新規事業が失敗したら、回復不可能な状況に追い込まれるのは想像に難くありません。これはもはや、事業投資ではなく、ただのギャンブルです。

新規事業には、大きなエネルギーが必要です。その大きなエネルギーを不正解のほうに注込んでしまったのなら、死活問題になりかねません。どのタイミングで勝負に出るか、考え方はいろいろとあると思いますが、変なタイミングでバクチを打たずに、まずは、今やっている事業を見直して欲しいと思います。

以上のように、新規事業は、既存事業を立て直した後に、失敗を許容できる状況下で挑戦すべきです。もっと言えば、むしろ、既存事業の絶頂期こそ、「将来の種まき」の絶好のタイミングと捉えてください。新規事業は、失敗を許容できる体力のあるときにやるべきことです。

4　過大投資は死に直結

既存事業の営業利益で失敗を吸収できる範囲に止める

新規事業でもう1つ注意して欲しいことは、事業規模の大きさです。昨今は、借入がしやすいので、レバレッジが掛けやすい状況のようです。銀行も新規事業から生まれる返済原資に期待をして、たくさんお金を貸してくれるので、現状の体力以上の事業規模に膨らんでしまう傾向があります。ここでも冷静になる必要があります。

以前、ある社長の新規事業に対して、「こんなにたくさんつくって売れなかったらどうするのですか。私は反対です。少なくとも、もっと規模を縮小すべきです」と進言したところ、「たくさんつくれるようにしておかなかったら、たくさん売れないじゃないか」という、何とも言い難い微妙な答えが返ってきたことがあります。社長の言うことも間違ってはいませんが、昨今の外部環境には通用しにくい考え方です。今の時代、つくれば売れるという発想は、楽観的過ぎる気がします。

新規事業が失敗しても、その損失額や返済額を既存事業で吸収できるようでなければ危ないと判断すべきです。

過大な規模の新規事業から期待した売上が上がらなかったとき、どんな惨劇が待っているか、想像してみてください。今の会社の体力を超えた事業を計画するとか、今の外部環境を甘く見るなど、状況を見誤らないように充分な注意をしてください。

5 よい投資判断をするための3つの視点

生産性、資産性、流動性の観点から安全性を判断する

コンサルタントの立場からすると、社長に大きな失敗をさせるわけにはいきませんので、新規事業や設備投資などの投資計画に対しては、その安全性に注意が向かいます。

新規事業や設備投資などの投資計画における安全性の考え方として、図表11の３つの視点を使うことを提案します。

図表11の生産性とは、きちんと収益が上がるかと、既存事業よりも生産性が高まるかという意味です。資産性とは、その事業や設備に資産価値が

【図表11 よい投資判断をするための３つの視点】

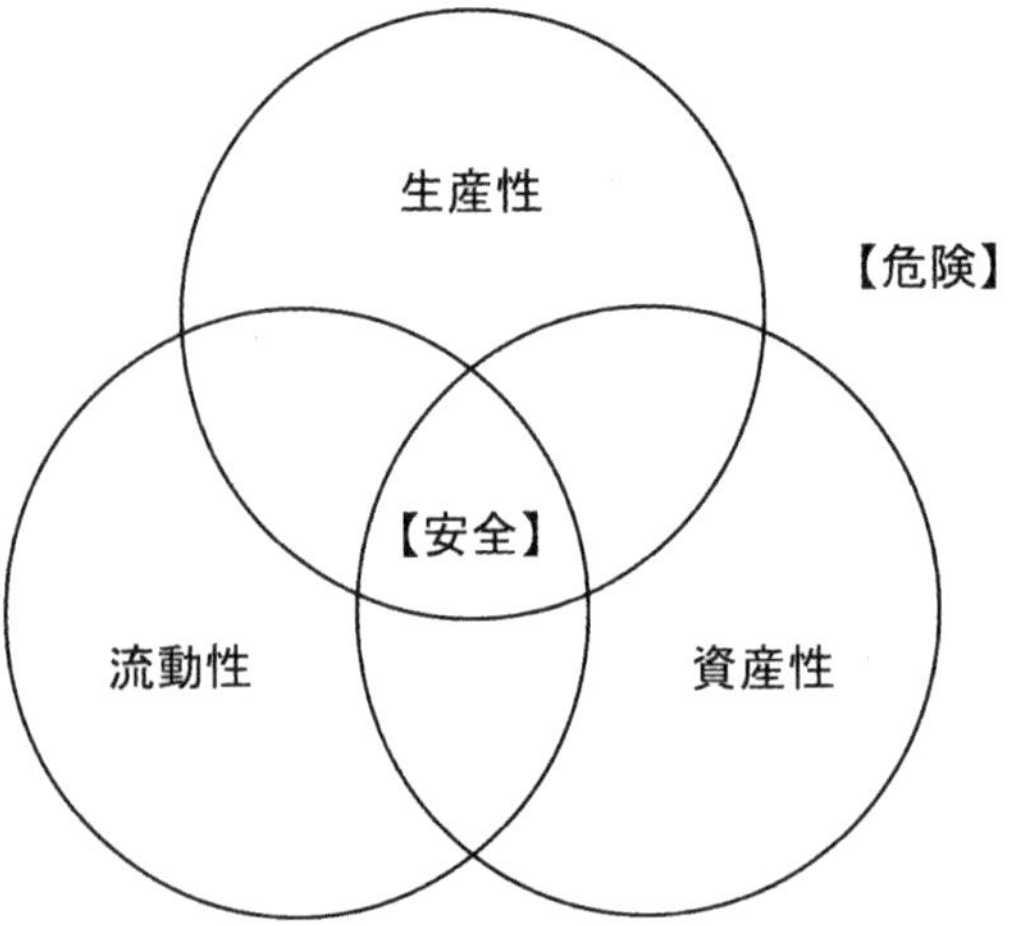

認められるかどうかという意味です。流動性とは、事業が失敗したときに撤退しやすいか、設備を売却して現金化しやすいかといった意味です。これら３つの要素が重なっている部分ほど、安全であると判断できます。

例えば、重機や生産機械などは、どのように判断できるでしょうか。生産性、資産性、流動性のいずれを取ってみても、悪くなさそうだと判断できます。こういった要領で、ご自身の考える新規事業や設備投資などの投資計画の安全性を熟考してみてください。

ところで、以前、ある社長の新規事業のリスクが高かったので反対したところ、「社長の夢を実現するのがコンサルタントの仕事だろう」と言われてしまい、言葉を失ったことがあります。事業投資の安全性にばかり注目し、社長の心を応援できていなかったことを反省しました。しかしながら、やはり、社長に嫌がられたとしても、厳しく安全性を判断する態度は崩せません。

6　簡単で直ぐにできる新規事業はおすすめしない

むしろ難しくて直ぐにできないもののほうがよい

新規事業の探索をしている際、社長の心理としてよくあるのが、「何か、簡単で直ぐに儲かりそうなものないかなあ」という期待感です。残念ですが、昨今において、そのような事業はほぼ皆無と言っていいと思います。また、簡単で直ぐに儲かるのなら、皆やり始めて直ぐに陳腐化しますから、このような期待感が幻想に過ぎないのは競争原理から考えても自明のことです。

この競争原理から考えれば、むしろ、難しくて直ぐにできないもののほうがよいに決まっています。難しくて直ぐにできないからこそ、それができた暁には一定の優位性が生まれます。

難しくて直ぐにできない事業をやるための技術や資源がないという意見もあるのは承知していますが、少なくとも、簡単で直ぐにできる事業はおすすめしません。

7　新規事業の行く末を決めるのは経営者の心

必ずしも論理的な検討によって決まっていない

新規事業の可否の判断については、市場の魅力度、自社の競争力、既存事業とのシナジー、収益性など、論理的な検討によって決められていると思いがちですが、地域密着企業においては、必ずしもそうではありません。実際は、社長の心の持ちようで決まる部分が大きく、それによって上手くいくかどうかも決まっているといった感じです。

社長の心によって何をやるかが決まり、社長の心によって上手くいくかどうかが決まるのだとすれば、予めどのようなパターンがあるのか知りたいところです。すべてを網羅できていないかもしれませんが、私の経験から、次のような新規事業にまつわるパターンを認識しています。

①　新しいもの好きで、次から次へと手を出し、どれもものにならない。

②　人から提案されたものはどれもしっくりこない。実は、そもそも、やりたいことがない。
③　好きなことで儲けたいのではなく、儲かることが好き。
④　やりたいことを自分で決定できないから、経営理念を言い訳にして決定する。
⑤　今の社員をクビにできないから、今の社員でもできることをやりたい。
⑥　社員を食わせていくのに疲れたし、ストック型の不労所得が欲しい。

自分の心に素直になることが大事

①のタイプは、創業経営者に多いのですが、新規事業のアイデアに事欠くことがありません。しかし、一方で、ただの興味本位でやり散らかしてしまう傾向もあります。地域密着企業は、あらゆる経営資源が限られていますから、１つずつ丁寧にやって、確実にものにしていくのが肝要です。重要なことなので強調しますが、同時に２つ以上の新規事業はやらないようにしてください。

②のタイプは、二代目以降の人に見受けられる傾向です。そもそも、やりたいことがない人もいますので、なかなかアイデアがまとまりません。情熱という熱量が不足したアイデアに着手するのは危険なので、この場合は、一旦既存事業の改善に注力したほうが無難です。将来不安から、早く何かやらなければと焦っている経営者もいると思いますが、下手に新しいことに手を出すよりは、既存事業を改善するほうが、ずっと安全です。

③のタイプは、比較的年配に多い考えです。一見、悪い発想に思うかもしれませんが、そんなこ

とはありません。自分の心に正直に問うてみて、儲かることが好きなのであれば、徹底的に儲かりそうなことを探せばよいのです。

④のタイプは、真面目な人に多い考え方です。一見、正しそうに感じますが、注意が必要です。会社の経営理念には、「社会に貢献する」といった、何にでも当てはまる文言も入っている場合があります。「理念に則ってやることを決めた」と言えば聞こえはいいですが、実際は、自分で決められない言い訳になってしまうことがあります。熱量を確保するためにも、理念に決めてもらうのではなく、自分で決めるようにしてください。

⑤のタイプも、真面目な人に多い考え方です。今いる社員を活用したいという気持ちは理解できますが、このような大きな制約条件を設けてしまうと、選択肢が極端に限られてしまい、かえってよくありません。社員を甘やかすのではなく、変化を強く求めるべきだと思います。

⑥のタイプは、昨今、ほとんどの人が当てはまります。社長を含め、皆が将来不安を感じる時代ですから、無理からぬことかもしれません。ストック型の事業を志向すること自体に問題はありませんが、一般的には利回りが低めに出る傾向だと思いますので、その辺りを加味して進める必要がありそうです。

このように、新規事業の行く末は、社長の心のありようで決まっています。論理的な検討が支配的ではないのだとすれば、まずやるべきは、自分の内面に向き合うことではないでしょうか。その上で、自分の心に素直になり、最も納得できて、熱量が確保できる選択をして欲しいと思います。

第5章　人事組織の改善

1　社員の人数についての組織論的な経験則からの知見

20～30人くらいのところに1つのラインが存在する

実は、組織がおかしくなり始めるとか、上手く統制が取れずばらばらになり始めるといった人数には、経験値があります。この人数は、組織運営を考える上での、言わば「基準値」となります。具体的な数値としては、諸説あるようですが、私の経験則も加味して述べると、20～30人くらいのところに1つのラインが存在していると思います。

この付近の人数になると、徐々に統率が取れなくなり、トラブルや退職などが頻発する場合があります。社員を増やして会社を大きくしたいと思っている社長にとっては、ワンマン経営の限界ラインと言ってもいいかもしれません。

この基準値以上の人数の会社を運営するのであれば、少人数の時点から明確な組織構造を意識しないと、30人を超えてより大きな組織になるのは難しくなります。他方、この基準値で組織がおかしくなり始めることがわかっていれば、人の問題を抱えることを避けるために、あえて基準値以下の人数で止め、少数精鋭で最適化を図ることも考えられます。

いずれにしても、30人に満たないくらいの人数の会社の経営者の方は、この経験則を頭に入れておいてください。

自分の考え方や希望に応じて社員の人数をどうするか考える

既に30人を超える組織になっている会社の社長は、会社を大きくする適性がある証拠ですから、本項の話は無視して、このまま先に進んでも問題ありません。一方、30人に満たない会社の社長は、人数規模をどうするか、自分の考え方や希望に応じて、冷静に考えるようにしてください。

本書の初めに、規模の大小によって企業の優劣を評価するのではなく、生産性を主眼に置いてはどうかと疑問を投げかけましたが、会社を大きくすることが必ずしも成功ではありません。古い価値観や周りからの評価を捨て、自分と社員が本当に幸せになれる規模を導き出してください。

なお、人や組織のトラブルをとことん抱えたくない社長は、10人前後までに収めることです。第2章の社長の給料の決め方のところで少し触れましたが、10人未満であれば、高尚な組織論を持ち出す必要がほとんどなく、きちんと会話の量だけ確保すれば、基本的に問題は起きません。

2　フラット組織というファッション（フラット組織に優位性はない）

流行りよりも自社に合うかどうかを論理的に考える

組織論に疎い情報発信者たちの悪影響だと思いますが、未だに「フラット組織は最新で風通しがよくて、格好がよい」といった風潮があります。はっきり言いますが、これは間違いです。論理的にフラット組織とは、単にピラミッド型の階層組織（ヒエラルキー）の階層数が少ないというだけで、それ自体で即座に優位性が発揮されるものではありません。

ヒエラルキーの階層数は、簡単に言えば、「1人の上司が何人の部下の面倒を見られるか」といった事情で決まっています。1人の上司がたくさんの部下の面倒を見られるのであれば、平らなフラット組織になるし、その反対であれば、階層数の多いピラミッド型になるというだけの話です。

これは、上司が請け負う知識や技術の負担の問題でもあるので、その職種や業種の技術的な難易度によっても決まってきます。例えば、接客などの、元々持っている人間力を基本にして、数年で習熟するような仕事であれば、階層数は少なくできます。他方、エンジニアなどの、何年も学校で専門的な勉強をしてきた上に、さらに長い年月の実務経験がないと習熟しないような仕事であれば、階層数は増えます。

誤解を恐れず述べれば、組織の階層数は、職種や業種で、ある程度必然的に決まるものであり、ファッションのように自由に選んで着こなすような類のものではありません。組織形態や経営組織をファッションのように見なして格好をつけるような考えはやめて、真に自社に合う形態を模索しなければなりません。原理を無視して無知をさらすようなことをしては、逆に格好が悪い経営者と思われてしまいます。

組織モデルは進化し続けている

組織形態について、ヒエラルキーを前提に述べましたが、これとは違う最新の論理も登場してきています。組織論は、人間の意識進化に伴って、大きく変化していく分野です。最近、フレデリック・ラルー氏から、「ティール組織」という概念が提案されましたが、従来の組織論の常識では考えられない、正に驚嘆するような組織の出現です。人間の意識進化によって、組織に対する価値観や比喩（メタファー）も変化していることを思い知らされます。

経営者の意識進化が進まない限り、今の時点でティール組織のような驚くべき組織形態に到達することはできないと思いますが、挑戦してみるのもよいかもしれません。ただし、しつこく言うようですが、くれぐれも、流行りに乗って、「自分に都合のよいところだけ取り入れる」ことはしないように注意してください。

3　ほとんどの会社について基本路線は多能工化が正解

少人数にしていくつかの業務を兼務させることで生産性が上がる

地域密着企業においては、先に述べた組織形態や分業体制は非常に重要な論点です。全体的に生産性の低い会社が多いので、ここを工夫する必要があります。

結論から私の答えを述べると、基本方針として、少人数にして、多能工化するのが正しいやり方です。別の言い方をすると、ダメな人は退職勧奨して、残った人たちが複数の業務を兼務するということです。例えば、1人の社員が、資材商社で営業と配達の両方をやるとか、飲食店で接客と調理補助の両方をやるといった類の話です。

私がこのように助言すると、社長は大いに賛同してくれるのですが、管理職や現場の人からは、きちんと専属の社員で分業体制を敷かねばならないという反論が挙がることがあります。本人たちの気持ちはわからなくはないですが、私からすると、ほとんどの会社でそれは必要ありません。なぜならば、前項の議論とも関連しますが、技術的に難易度の高い職種や業種は、限られているからです。技術的な難易度が比較的低く、数年程度で習熟するようなものであれば、多能工化して、他の業務も兼務させることで、生産性が上がります。

ただし、同じく前項の議論とも関連しますが、エンジニアや何年も修行が必要な職人などについては、多能工化は難しく、かえって生産性を下げることもあり得るので、その点だけは注意するようにしてください。

4　女性の多い職場はルールよりも人間関係が大事

経営者の仕事と思って取り組まないと問題が大きくなる

地域密着企業の経営者の悩みの1つに、女性社員同士の人間関係の不和が挙げられます。

経営者の皆さんの話によると、例えば、ある特定の2人の女性社員同士の仲が悪いだけで、仕事が滞り、風紀が乱れ、生産性が極端に落ちたりすることがあるようです。女性本人たちに事情を聴いてみても、「苦手だからあの人とは話したくない」といった情緒的な答えが多いらしく、男性の経営者からすると、到底理解できないものです。このように一部の女性社員は、会社のルールや職務よりも人間関係を優先してしまう傾向があるとのことで、これが地方の企業の偽らざる実態です。

現実問題として、仕事が上手く回らなくなるので、例えば、次のような施策によって問題を緩和する必要があります。

・ランチ会や食事会など、何でもいいからとにかく人間関係をよくする。
・可能であれば、女性の多い職場に男性社員を入れて中和する。
・企業研修に参加させるとか、経営学を学ばせるなど、経営に対する見識を広げてもらう。

女性の経営者であれば、このようなトラブルはお手のものかもしれませんが、男性の経営者は面倒がって放置してしまう場合があります。自分の仕事と思って、今挙げたような改善策に取り組まないと、後々、問題が大きくなってさらに苦労するので注意が必要です。

5　雇用形態に関係なく女性を登用しよう

優秀な女性を埋もれさせるのは大きな機会損失

先のような女性特有の問題はあるようですが、地域密着企業は、女性社員の働きによって支えられている部分が多く見受けられます。文句ばかり言って使えない中高年男性社員より、女性のほうが働き者だし、マルチタスクに向いているようにも感じます。このような女性社員を見つけたら、積極的に登用して、給料もしっかり上げるようにしてください。

地方の企業では、未だに女性だからという理由だけで給料を低くしている場合が多いですが、これはこの先、全く通用しない考え方なので、直ぐに是正する必要があります。先の問題は男女の性質の差異の傾向ですが、女性社員の給料を低く抑えているのは、ただの男女差別と思われてしまいます。

私が女性の積極的な登用を助言すると、「パート社員だから登用できない」といった相談を受けることがあります。これは、感覚的なものでしかなく、パート社員をリーダーや管理者に登用しても特に不都合はありません。実際、私の客先でも、パート社員をリーダーや管理者に登用しています。雇用形態を気にする必要はありません。

社長が女性の積極的な登用を志向すれば、あとは本人次第です。会社側が登用しようとしても、自らキャリアアップを降りる女性も多いので残念ですが、諦めずに取り組むべきです。地方では、優秀な人材は貴重ですから、たとえ1人でも優秀な女性社員を発掘できたら、大きな力となります。

6　改善活動の正しい進め方

改善活動の３つの流儀

組織的に行う生産性向上策の1つに改善活動があります。読者の皆さんは、改善活動と聞くと、どのようなものを思い浮かべるでしょうか。実は、これは人によって理解が異なるもので、それぞれの考え方によって、アプローチ手法も変わります。具体的には、次の３つの流儀が存在しています。

①　計測し、分析し、科学的に進める（正確に状況を把握し、対策を立て、計画的に進める）。

②　改善アイデアを集め、実行、修正を繰り返す（現場からの改善提案を次々と試していく）。

③　強制的、あるいは心理的に追い込む（上から圧力をかけて、半ば無理矢理にやらせる）。

①の考え方は、学力の高い人が多い会社に見受けられるもので、理路整然と進める正攻法かもしれません。しかし、一見、合理的に思えますが、実は、一番進み具合が悪い方法です。何でもかんでも分析してロジカルに進めたがる癖が邪魔をして、簡単なことでもやたらと時間をかけるとか、高い目標に集中し過ぎて一向に成果が上がらないこともあります。

②の考え方は、私が一番おすすめしたいものです。現場の社員というのは、①のような定量的な計測や分析をしなくても、定性的に問題点やその解決方法に気づいています。したがって、社員からそれを聴き出して実行するのが早いと考えます。実際、一番進み具合がよく、改善効果も一番高いです。ただし、注意点としては、社員からの改善アイデアが間違っている場合がしばしばありますので、正解と不正解を仕分ける必要があります。

③の考え方は、道義上の問題があるかもしれませんが、短期的には一番成果が上がってしまったりします。例えば、残業削減をしたい場合、①や②のアプローチを経ずに、強制退社時間を設定するとか、「つべこべ言わずに、さっさと帰れ」と言って強権的に追い込むと、思いのほか効果が上がっ

てしまいます。長期的にこのような方法を続けるのはよくないと思いますが、一方で、やはり社員には怠惰な側面もあるようです。

さて、以上の3つの流儀がありますが、それぞれどれくらいの比率で進めるのがよいかと言うと、私は2：6：2くらいで進めるのがよいと考えています。社員からの改善アイデアを集めるやり方を中心として、しかし、最低限の科学的な確認をし、皆が怠惰にならないように少しだけ引き締めるといった塩梅です。

簡単で直ぐにできることから優先的に進める

改善活動を進める上でしばしば話題になるのが、問題やその解決策の検討を取り扱う優先順位です。先のロジカルに進めたい流儀の人たちからすると、改善効果の大きいものから着手すべきだと思われますが、現実は少し違います。

私の優先順位のつけ方を図表12に示したのでご覧ください。着眼点は2つあります。取り扱う問題の改善効果が大きいかどうかと、その問題を解くのが難しいかどうかです。一般的な考え方として、右上の象限から着手するのは誰も異論ないと思いますが、問題は次です。改善活動は、改善効果の大きいものから順に行うように教わっている人も多いので、次の優先順位として、左上の象限に着手しがちですが、私は右下の象限に着手すべきだと考えています。

もっと言えば、図表12に示したとおり、最初は改善効果の大小を問わず、簡単で直ぐにできるも

【図表12　改善活動の正しい進め方】

改善効果	大	②	①
	小	③	①
		難しい・直ぐできない	簡単・直ぐできる
		難易度・所要時間	

のからどんどん進めるべきです。他にも、ボトルネックになっているところから進めるべきだという考え方もあると思いますが、とにかくあまり深く考えずに、簡単で直ぐにできることからやっていくほうがよいです。

なぜならば、特に最初のうちは、大きな改善効果よりも、改善活動の継続性を重視し、小さな成果から得られるモチベーションアップを重視すべきだからです。

また、小さな成果の積重ねによって、少しずつ生産性が上がってくれば、段々と難しいものにも挑戦できる余裕が生まれてきます。最初から難しい大物は狙わず、むしろ後回しにしたほうがよい結果を生みます。

社員に手始めに与える６つの思考技術

私が推奨する改善活動の流儀に従って、社

員から改善提案を募る場合、自然とたくさん集まる会社もあれば、そうでない会社もあります。どのように考えればよいかわからない社員が多いと思われる場合は、社長や上司から質問事項を絞り込み、社員が考えやすいように配慮する必要があります。手始めに、次の6つの思考技術を社員に提供し、改善アイデアを集めてみてください。

①　捨てる（その作業自体をなくす）
②　自動化、省力化（無人化、機械化、IT化、動きの量を減らす、人の手を介在させない）
③　成功モデル、コツの共有（上手くいっている人や上手くいったやり方を皆で真似る）
④　社外の調整（顧客や取引先などに、自社に都合のよいように合わせてもらう）
⑤　アウトソーシング（専門業者への外注）
⑥　適材適所（誰に何をやってもらうか）

これらのことをヒアリングシートにして記入してもらうのが一番やりやすいと思いますが、会社ごとにやり方を工夫してもらえれば、どのようなやり方でも構いません。

なお、これらの質問項目だけでは解決できないものもたくさんあるのは承知していますが、心配はいりません。これらが軌道に乗ってくれば、他の着眼点のアイデアがどんどん増え、質問事項を絞り込む必要がなくなってきます。そのような状況を想定して、次のような自由回答の項目を設けてもらうとよいと思います。

⑦　その他自由な発想で

ところで、このような改善活動を始めた場合、最後の⑦の自由回答欄に「給料を上げる」という意見が出てくることがあります。これは、「ある最低限の準備」が整っていない証拠なのですが、これについては第8章で詳しく説明していますので、それを読んでから実施するようにしてください。

7　5Sができないならまずは1Sか2Sでいい

現状の実力を鑑みて１Sずつ確実に実行する

日本固有の経営改善手法に5Sがあります。言わずと知れた、整理、整頓、清掃、清潔、躾のことですが、どれくらいできているでしょうか。私の経験則から言うと、地方の企業では、5Sはほとんどできていません。5Sは経営の基本だとも言われますが、実際問題、5Sを完遂するのはそんなに簡単なことではなく、人材に乏しい地方においては、むしろ難易度の高い手法です。

そこで、私としては、いきなり5Sの完遂は無理があるので、まずは1Sか2Sだけを徹底的にやるように助言しています。具体的には、まずはいらない物や仕事を徹底的に捨てます。そして、可能であれば、残った物や仕事を適切な位置に配置し直すところまでやるようにしてください。在庫管理や仕事術などの観点から、整理と整頓だけは何とかしっかりやって、改善効果を得たほうがよいと考えています。

残りの3Sについては、私の経験上、これらができたからといって業績が必ずしもよくなるわけではありませんが、社員への教育上、やったほうがよいのは間違いありません。ただ、1Sや2Sもできていないうちは、高望みせず、一歩ずつ着実によくすることを意識してください。

8　社長と社員の心身の健康増進を戦略課題に位置づけろ

「本人の自己責任」から「企業の投資対象」へ

数年前までは、私のような経営コンサルタントが、「社長と社員の健康増進は、重要な戦略課題です」などと言うと、経営者からいぶかしがられることがしばしばありました。それくらい認識の低い組織課題でしたが、今は段々と時代が追いついてきたので、自然に議論ができるようになりました。

考えてみれば当たり前のことですが、皆の心身が健全な組織と心身に問題を抱えた組織とでは、どちらの生産性が高まるでしょうか。皆の健康状態は「本人の自己責任」などと言って目を背けていると、時代に乗り遅れます。全員の心身の健康増進は、明らかに、「企業の投資対象」です。少し皮肉を言えば、筋の悪い計画や戦略を立てるよりも、自分と社員を健康にしたほうが、よほど生産性は上がります。

社長と社員の健康状態も実力のうち

私は、社員の健康状態と職務能力を切り離して考えるのは不自然だと考えています。いくら仕事ができて優秀でも、病気がちで休みが多いとか、うつ状態で皆に気を遣わせているようでは、総合的に見て優秀とは言えないからです。これは、社長自身にも言えることで、健康状態も経営者の実力のうちと考えるべきです。

社長も社員も人生のすべての時間を会社で過ごしているわけではなく、家庭環境もあるのだから、各自の健康状態は会社の責任ではないといった反論もあるかもしれません。しかしながら、仮に人生の半分は仕事だとすれば、半分は会社の責任と捉えることもできます。したがって、やはり、社長の健康状態が優れないとか、社員が病気やうつになりやすいのなら、経営者としての実力が低いと考えるのが妥当だと思います。

9　教育訓練の実情と処方箋（社員研修の導入と選び方）

やる気のことを言う前にやり方や考え方をきちんと教える

地方の企業の抱える大きな問題として、教育訓練や社員研修が根本的に不足していることが挙げられます。専門教育はOn-JTで何とかしていますが、主にOff-JTで行うべき、企業人としての階層別研修が脆弱で、新人研修さえもやっていない企業もあります。

思うように育たない社員に対して、やる気や改善意欲が低いことを疑うことが多いですが、実は、やり方や考え方がわからなくて本人も悔しい思いをしていることがあります。社員の取組み姿勢を疑う前に、Off-JTで企業人としての基礎知識や仕事の進め方を教えることを試してください。

地域密着企業は外部研修や外部講師を活用する

企業人としての教育訓練を必ずしもOff-JTで行う必要はありませんが、地域密着企業の実情として、外部研修や外部講師に頼らざるを得ません。なぜならば、人材が豊富に揃っている上場企業ではないので、社員研修や幹部研修の内製化は困難だからです。やり方を教えようにも、そもそも社内に教えられる人がほとんどいないので、外部研修や外部講師を活用する必要があります。

安価な研修機関や近くの研修講師を継続的に活用する

次に問題になるのが、外部研修や外部講師を活用する際の費用です。社員研修にふんだんに費用をかけることができない会社も多く、毎回、外部講師を探す労力もかかります。

そこで、私としては、政府系の企業研修機関や、地域の商工団体が主催するセミナーを使うことを推奨しています。地域によっては、地銀のグループ会社が主催するセミナーや研修プログラムもあります。

これらの研修費用は、民間の研修会社と比較して非常に安価で、地方の企業でも継続して使うことができるものです。また、研修講師を招いて社員研修を行う場合も、同一県内か近県の近くの先生にお願いするのがよいと思います。近くの先生と長期的に付き合うことで、社内の事情にも精通してもらえ、研修費用やコミュニケーションコストを低く抑えることができます。

10　社員の能力開発の取組みとして一番簡単なのは資格取得

本人の得にもなる「公的資格」というわかりやすい目標に挑戦させる

先ほど社員のやる気や改善意欲を疑う前に教育訓練の機会を与えるべきだと述べましたが、一方で、全体的な傾向として、向学心が低いのも地方企業の社員の残念な特徴です。社長や上司が勉強しろと言っても全くせず、小中学生の教科書からやり直さなければならない学力の社員も散見されます。一番酷い場合、四則演算や文章の読み書きなど、一般的な意思の疎通ができず、業務に支障が出ることもあります。

このような場合に対する私の処方箋は、本人に何らかの資格取得を目指してもらうことです。資格を取得するためには、試験勉強をする必然性が生まれます。上手く向学心を引き出すために、「公的資格」というわかりやすい目標に挑戦させるのがポイントです。公的資格であれば、本人の得にもなります。

ところで、業務と関連性のある公的資格がない会社もありますが、この場合は、「民間資格」も含め、何の資格でもいいと思います。一番の目的は、社員の向上心を養うことだと思いますので、本人の興味のあるものなら何でも構いません。基礎学力が疑わしい社員の場合は、数学の検定や日本語の検定などでもよいと思います。

学力の高い社員は難易度の高い「国家資格」に挑戦させる

レベルの低い話ばかりしていては、「うちの社員はそんなにレベルが低くない」と叱られそうですが、レベルの高い社員にも、同じ施策が通用します。学力の高い社員は、それ相応の難易度の高い「国家資格」に挑戦させるようにしてください。

向学心や学力の程度は会社によってばらばらかもしれませんが、いずれにしても、皆が勉強して能力アップに努める雰囲気を醸成することが大切です。

受験費用や教材費などの負担はどうすべきか

社員に資格取得を促す際、しばしば議論になるのが、受験費用や教材費などの負担をどうするかについてです。必須資格かどうかや、試験の難易度、会社と社員の間での費用負担の仕方によって動機づけがどう変わるかなど、各社でいろいろな議論があります。

他にも、1回か2回で資格試験を合格する社員は問題ないですが、何度受けても一向に合格しない社員の費用負担をどうするかといった話もあります。

このようないろいろな議論があることは承知した上で、私としては、どのような資格であっても、できる限り会社で出すのがよいのではないかと思っています。

第6章　限界突破のためのアウトソーシング

1　コア業務（本業）以外は全部アウトソーシングしてもいい

コア業務が最も生産性が高いはずでありそこに人的資源を集中させる

「もうこれ以上、今いる社員で生産性を上げるすべがない」と思い込んでいる社長に提案したいのが、アウトソーシングによる生産性向上戦術です。アウトソーシングを上手く活用して、コア業務に人的資源を集中させることにより、今の限界を超えて生産性を上げることが可能になります。

コア業務とは、無論、付加価値を付けている本業機能のことです。付加価値作業そのものですから、当然、この機能が最も生産性の高い部分になります。理屈としては、ノンコア業務（間接部門）をアウトソーシングすると、相対的にコア業務の人員の割合が増え、生産性が上がります。極端に言えば、生産性を上げるためなら、コア業務（本業）以外は全部アウトソーシングしてもいいくらいです。

次項では、生産性が上がる原理について、具体例を挙げながら説明します。

2　ノンコア業務のアウトソーシングによって生産性が上がる原理

インプットが減り生産性の数値が上昇する

ある会社で、経理事務の社員が自己都合で退職をしました。これを受けて、社長は直ぐに経理事務員の募集をかけようとしましたが、私から、会計事務所にアウトソーシングするよう強く助言しました。会計事務所に依頼したのは、記帳代行です。

これを行ったことにより、人数が1人減った状態になるので、第1章で説明した生産性の定義式の分母のインプットが減り、生産性の数値が上昇します。アウトソーシングを使うことにより、1人少ない人数で会社を回せる状態になったということです。

これに加えて、営業利益も増えます。なぜならば、経理事務社員の給料よりも、会計事務所への外注費のほうが安かったからです。こちら側はノンコア業務ですが、相手にとってはコア業務です。生産効率の高いプロに依頼したら、お釣りが来たということです。

他にも、別の例として、本業機能の人員に間接部門の仕事をさせている経営者がいますが、あまりよい判断だとは思えません。外注費を節約するためにその社員の時間を拘束するよりも、本来のコア業務で付加価値額を稼いでもらうほうが、原理的にはプラスになるはずです。

必ずしも人数が減らなくてもよい（空いた時間はアウトプットを増やすために使う）

経理事務社員の退職の例を出して説明したので、「退職しなかったらどうするのか」という声が聞こえてきそうですが、退職するかどうかは問題ではありません。

先の経理事務の社員がそもそも退職しない場合を考えてみます。この場合、この社員の担当職務を外にほとんど丸投げするわけですから、この社員の時間が空いてしまいます。

この空いた時間をどうすればよいのでしょうか。当然、本業に再投下します。本業そのものができなかったとしても、コア業務を担う社員の補助業務をさせることにより、付加価値額を生み出す生産活動に参加してもらいます。

外注化で生み出した人的資源を、本業または本業の補助業務に再投入することでアウトプットを増やし、会社全体として生産性を上げるのです。

3 人材確保やリクルートの問題も解決できる

雇わなくていいし、教育しなくていいし、辞めない

アウトソーシングには、生産性を上げる効果に加えて、人事組織的なメリットもあります。

人材確保が簡単ではない地方企業においては、非付加価値業務を外注のプロにお願いすることによって、雇用する必要がなくなります。これにより、リクルート活動が大幅に軽減されます。

また、アウトソーシングする相手はプロですから、社内で教育訓練する必要もありません。

さらに、相手は社員個人ではなく、外の別の組織ですから、辞めていなくなる心配もありません。

他方、前項で説明した、本業ないしは本業の補助業務への配置換えのことを考えてみても、外から新しい人を雇用するよりも、中で既に定着してくれている社員を動かすほうがずっと安全です。

このように、アウトソーシングを活用することは、人事組織面でもいいこと尽くしです。今まで

苦労していた、辞めて、雇って、教育して、また辞めて、という負のループから抜け出せます。

4　アウトソーシングの程度やレベルについて

細かいものから大きなものまで何でもあり。自動化、クラウド化サービスもあり

ここまでの議論で、アウトソーシングの積極活用に賛同してもらえていると思いますが、何をどれくらいやればよいのか、見当がついていない方もいるでしょう。

私としては、本業から遠いものから、片っ端から外に投げましょうと言いたいですが、一応、次のような３つの分類で外に出すものを考えてみてください。

①　機械的作業
②　業務の一部
③　部門の全部

①機械的作業とは、請求書の発行業務や、廃棄文書をシュレッダーにかける作業などの、機械やソフトウェアでもできそうな作業のことです。例えば、請求書の発行は、クラウドサービスがあります。文書廃棄についても、自社でシュレッダーにかけて処理しなくても、溶解処理などの機密文書廃棄サービスなどがあります。

②業務の一部とは、先の例に挙げたような、経理の記帳作業や給与計算などです。前述のように

会計事務所などに外注しない場合でも、クラウド会計などの便利なサービスを使って自動化することも、一種のアウトソーシングと考えられます。他にも、営業車両のタイヤ交換なども外注化の対象となります。

③部門の全部をアウトソーシングすることも可能です。例えば、能動的な対人営業をするのが嫌で、ホームページの検索エンジン対策や、リスティング広告だけで集客している、営業部門がない会社もあります。もっと大きな例としては、製造工場を持たないメーカーなどもあることはご存知だと思います。

このように、アイデア次第で、ありとあらゆるものが考えられます。徹底的にアウトソーシング思考を身につければ、生産性はまだまだ上げることができます。

5　本業外の機械でもできる単調作業を社員にさせてはいけない

道義的な観点からも外に投げるべきものは投げる

以前、年配のある社長に、「毎月発行する請求書が多いので、封入封かん機を買うか、クラウドサービスなどでアウトソーシングしませんか」と提案したことがあります。結果は玉砕で、「うちのパートの事務員は手が速いし、時給が安いから、今のままのほうが安い」と言われてしまったことがあります。

この人は、「社員は家族である」と公言していた優良企業の社長だったので、私はショックを受けたのを憶えています。ショックが大きかったため、先述の「アウトプットを上げる作業に事務員の時間を再投下することで会社全体として生産性は上がる」というところまで議論を展開する気力を失ってしまいました。

これでは、まるで社員を安い機械として使っていると言っているようなものです。たとえ少数でも、付加価値の低い単調作業をこなすだけの社員がいてもよいのでしょうか。確かに、現状の会社の外注費の支払能力から考えて、高過ぎる外注サービスは利用できません。状況によっては、社内で片手間にこなしてしまったほうがよいこともあると思います。機械のような単調作業が好きな社員もいることでしょう。しかしながら、仮に社員は家族であると言うのなら、このような仕事を社員にさせるのは、道義上の問題があると私は考えます。

ただし機械的な作業が本業ならばよい

誤解のないように補足しますが、すべての機械的な作業がよくないと言っているわけではありません。本質は、その作業が付加価値額を生み出す本業かどうかです。

今の請求書の話題で考えれば、請求書発行の代行サービスを行う会社の工場で働く社員は、それがコア業務なので、何の問題もありません。経理の記帳も同じで、会計事務所にとっては、付加価値業務そのものです。他にも、製造工場のラインで働く社員なども、その仕事がコア業務だからよいのです。

6　アウトソーシングできない言い訳をしない

例えば経理事務のアウトソーシングの可否の判断をしてみる

ここまでお伝えしてきたように、アウトソーシングは、今の限界を超えて生産性を上げるための極めて有効な手段です。しかしながら、不慣れなせいか、地域密着企業の経営者が苦手な分野です。苦手なために、アウトソーシングができない言い訳を並べる経営者もいます。

ここで、読者の皆さんの背中を押すために、経理事務を例にして、アウトソーシングの可否の判断をしてみたいと思います。

経理は自社で行うべき?

経理は、自社で行うべきかどうかという議論がありますが、まず、この問い自体がナンセンスなのです。

結論から言うと、「ノンコア業務（間接部門）なのだから、その会社に合った方法なら、どちらでも構わない」ということになります。なぜならば、経理に求められることは、「正確かつ、安定的に」会計業務が遂行されることであり、社内でやるか、会計事務所にアウトソーシングするかは本質的な問題ではないからです。

例えば、経理が２人以上いるような人員規模が大きい会社であれば、自社でやってもよいでしょう。経理が複数人いるという状態自体が、正確性と安定性を担保するからです。また、この規模であれば、財務的にやや高度な判断を社内でする必要性も生じるでしょうから、社内担当者を置くべきかもしれません。この場合は、クラウド会計などの自動化・省力化サービスを活用するという方向でアウトソーシングを考えればよいのです。

他方、経理が１人ないしは、１人分もいらないような人数の会社であれば、会計事務所に外注するのが合理的です。１人しかいないということは、正確性がその担当者のスキルに依存しますし、担当者が辞めるなどということになれば、安定性は即座に失われます。この場合、社内から経理担当をなくしたほうが安全ですから、会計事務所に完全にアウトソーシングすればよいのです。

経営数字をタイムリーに把握すべき？

会計にまつわる議論として、経営数字をタイムリーに把握すべきだという話題がありますが、これも的外れな認識だと思います。もちろん、経営数字がタイムリーに把握できることは、悪いことではありませんが、わざわざ努力を仕向けることではありません。

先と同じく、結論から言うと、本来、「タイムリーに把握すること」に努力を向けるのではなく、「タイムリーに把握しなくても安心な経営状態をつくること」に努力を向けるべきなのです。

もし、タイムリーに把握しなければならない逼迫した状況なのであれば、そもそも、その状況をつくり出してしまった経営手腕を反省すべきです。状況が悪くなくても、何となく早く見たいという経営者もいるかもしれませんが、それはそれで数値に囚われ過ぎだと思います。「毎月同じような試算表」を「タイムリー」に眺めても、売上は上がりませんし、目の覚めるようなアイデアが沸くわけでもありません。

それに、今の時代、会計事務所にアウトソーシングしても、2週間もあれば試算表を作成してくれます。

これでも充分タイムリーだと思いますが、自社経理にこだわって、これ以上タイムリーに試算表を眺めたい理由はあるのでしょうか。そのような理由は、本来ないはずです。

アウトソーシングすべき理由を探す

このように、ノンコア業務をアウトソーシングできない理由は基本的にはありません。ノンコア業務のアウトソーシングができない理由を探すのではなく、すべき理由を探してください。

以上のような議論を参考に、自社にとってのコア業務とノンコア業務が何であるかを熟考してもらい、ノンコア業務を的確にアウトソーシングしてください。

なお、説明のための例示として経理事務を挙げましたが、経理事務を必ずアウトソーシングしなければならないといった趣旨ではありませんので、誤解をしないようにしてください。

第7章

社員のモチベーションアップの考え方

1　給料が安過ぎたら内発的動機づけもへったくれもない

給料が安いという事実を真摯に受け止めなければ何も始まらない

本書の初めにお伝えしましたが、地域密着企業は全体的に生産性が低い傾向にあります。そして、第1章での議論から、生産性が低いことは、すなわち低賃金に直結しています。

当然、地方においては、社員の給料に対する不満が蔓延しています。経営者も、社員から「給料が安い」と言われることがしばしばですから、大きな悩みの種となっています。

ここで注意しなければならないのは、給料が安いという事実から目を背けたいがために、「内発的動機づけ」を言い訳として持ち出す社長がいるということです。内発的動機づけとは、簡単に言えば、「お金ではなくて、仕事自体から喜びや生きがいを見い出せ」という趣旨のものです。

しかしながら、本来、モチベーション論から考えれば、「安心して働いていられると感じる給料」が担保されていない状態では、内発的動機づけは発動しません。安心して働いていられると感じる給料を満たしていない状態では、いくら社長が「仕事から喜びを感じろ」と押しつけても、「生活が厳しくてそれどころではない」というのが社員の本音となってしまうのです。

私は、この話題で社長を糾弾したいわけではありません。給料が安いのは、社員の低い生産性の結果でもあるので、社長1人の責任ではありません。しかしながら、社長がそこから目を背けていては、何も始まらないのです。

では、社長が給料の問題に向き合ったとして、この状況をどう解決していったらよいのでしょうか。解決策として、いきなり給料を上げることはできません。支払原資がないので当然です。それでも社員のモチベーションは上げていかなければなりません。

本章では、まずは社員のモチベーションアップに関する基本的な考え方をお伝えします。その上で、次章で実務上のノウハウを述べていきます。

2　社員のやる気アップはなるべく仕組みで何とかしろ

社長の個人的なコミュニケーション能力に依存してはいけない

人員規模が数十人くらいまでの会社においては、社長と社員の心理的な距離が近く、直接コミュニケーションを取ることが日常茶飯事です。

この状態だと、よくも悪くも、社長の言動が社員のやる気に直接的に大きな影響を及ぼします。社員を鼓舞するのが得意な社長はよいですが、やることなすこと社員に反感を買う社長にとっては、由々しき問題です。

このように、人数が比較的少ない会社が多い地方においては、ほとんどの企業にあって、社員のモチベーションアップが社長個人の性格や価値観などの人間性の部分に大きく依存してしまっています。

コンサルタントである私からすると、社員のやる気アップを社長の個人的なコミュニケーション能力に依存していては、再現性が確保できませんので、別の方法を模索することが求められます。社員からすれば、性格が悪い社長とか、不道徳な社長の人間性を正すべきだと思うでしょうが、それは簡単なことではありませんし、そもそも、社長の人格を否定するところから話を始めなければならなくなってしまいます。

そこで、私としては、社員のやる気アップに向けて、なるべく「仕組み化」するようにと提案しています。

仕組み化と聞くと、「型にはめる」というイメージを持つかもしれませんが、私の考え方として、まさに型にはめて欲しいのです。再現性を確保するためにも、会社の仕組みや制度によって社員のやる気を上げることを中心に考えて欲しいと思います。ある程度、形式的な方法を採ることによって、どの社長がやっても、どの会社に対しても、同じような効果が得られるという考え方です。

社員のやる気アップをなるべく会社の仕組みで行うということは、社長にとってもよい話です。すべての社員に平等に施策を行うことになるので、不平等感がなくなり、会社や社長に対する不満が大きく減るはずです。また、仕組みで社員のやる気を担保することによって、社長が自分の普段の言動に気を遣わずに済むようになります。このような仕組みをしっかりつくった上で、社長の人間性も高められたのなら、完璧だと思います。

3　モチベーションアップは何のためにするのか

社員のやる気を上げる目的は社員のやる気を上げるため

ここで1つ、話題を提供したいことがあります。経営者として、社員のやる気を上げる目的は何でしょうか。経営者によって、その目的は様々だと思いますが、概ね、次の3つの意見が多いようです。

①　業績や売上を上げるため。
②　経営理念やミッションを実現するため。
③　やる気のない社員を見ているとイライラするから。

①は、耳にすることが多い意見ですが、基本的に経営を金銭目的でやっている社長にとっては、当然の考え方です。

②の意見は、①の意見に対してやや格好をつけて対抗する人の意見です。「企業の目的は利益を得ることではなく、経営理念やミッションを実現するためだ」という考えに則ったものです。

③の意見は、現場で実際に悩んでいる社長に多い愚痴です。これはこれで、とても正直で人間味のある意見で、悪くないと思います。

さて、これら3つの意見は、どれも正しい目的だとは思いますが、私としてはもう少し違った考えを提案します。恐らく、あまり挙げられたことのない目的ですが、私は社員のモチベーションアップの目的を、次のように考えています。
④　モチベーションが高いこと自体が社員の幸せになる（それ自体が目的でもある）。
本書の冒頭から、生産性を主眼に経営改善していくことを狙って話を展開してきましたので、当然、私の主張として、生産性を上げることが目的であるべきかもしれません。しかしながら、モチベーションアップに関してだけは、それ自体が目的化してしまってもよいのではないでしょうか。人間、寝ている時間を除けば、人生の半分は会社などの組織で過ごす時間です。その人生の半分の時間が、辛くてつまらないものであったとしたのなら、どんなに不幸なことでしょうか。逆に、生き生きと楽しく過ごせたのなら、どんなに幸せでしょうか。

私は、「社員のやる気を上げたら、売上が上がる」とは、なるべく言わないようにしています。もちろん、社員のやる気と企業業績とは、因果関係があると思います。しかし、そこを目的にしたくない気持ちがあります。もし言うとすれば、「社員のやる気を上げたら、社長も社員も幸せになる」と言いたいです。モチベーションアップは、人間の幸せそのものではないかと思うからです。

4　最近の社員の欲求は様々

欲求階層説

モチベーションの源泉となる欲求については、Ａ・Ｈ・マズロー氏の欲求階層説があまりにも有名ですが、私もこの説をしばしば援用しています。

マズロー氏によれば、人間の欲求には、低次の欲求から順に、①生理的欲求、②安全の欲求、③所属と愛の欲求、④承認の欲求、⑤自己実現の欲求があります。そして、低次の欲求が満たされるごとに、高次の欲求へと階層が上がります。

この欲求階層説は、社員のモチベーションに当てはめて考えても、とても納得感があり、これをもとに社員の欲求を整理すると便利だと思います。

実際の施策においては全階層にわたって総合的に考える

基本的に低次から高次の欲求に向かって順に施策を行うのがよいと思いますが、現実は少し複雑です。マズロー氏自身も指摘していますが、実際は個人差があり、低次と高次の欲求の上下が錯綜しています。

例えば、安心して働いていられる給料をもらうことよりも、仲間と楽しく働くことや、社長からほめられたいといったことを優先的に欲する社員もいるといったことです。

このように、現実は個人差があるので、実際の施策においては、全階層にわたって、総合的に考える必要があります。どの施策がどの社員に効果的なのか、ばらつきがあるので、全階層に対して、できることを同時並行で行わなければなりません。少し乱暴な議論に聞こえるかもしれませんが、これが実際のところです。

5　経営者は行動経済学や心理学に対して慎重になろう

心理や行動に関する実験結果は、「真理」ではなく、「可能性」に過ぎない

社員のやる気を上げるために、行動経済学や心理学を学ぶ経営者もいますが、学ぶことは素晴らしいことです。ただし、私としては、注意喚起したいこともあります。

それは、心理や行動に関する社会実験の結果を即座に自社の社員に置き換えられるか、冷静に判断して欲しいということです。例えば、子どもの遊びの作業とご褒美の実験結果を、大人の生計を立てるための仕事と給料のやる気の問題に、即座に置き換えられるでしょうか。前提条件が違い過ぎます。前提条件が違うということは、結果が再現するかわからないということです。

行動経済学や心理学から学んだことは、あくまでも上手くいくかもしれないアイデアの1つであると捉えるのが安全だと思います。

人の心は千差万別、十人十色。モチベーションには「1人ひとりの理由」がある

以前、ある会社の役員から、「うちの正社員の男どもは、やる気がなくて本当にどうしようもない」といった愚痴を聞いたことがあります。これに対して私は、「言いにくいのですが、給料が安過ぎるからだと思いますよ」と受け答えをしました。私の回答に対して、さらにその役員から、「パー

トのおばちゃんたちのほうがやる気がある。パートのおばちゃんたちのほうが給料は安いのだから、お金の問題ではないはずだ」といった意見をもらいました。

この役員の意見も正しいとは思いますが、私としては、先の「前提条件」を確認する必要があると考えています。

そもそも、パートの女性社員の多くは、主たる家計主が自分ではなく、小遣い稼ぎや生活費の足しにしたいとか、社会と関わっていたいといった理由で働きに来ています。もちろん、お給料が欲しくないということは絶対にありませんが、採用時点で時給がほぼ固定化されていることを鑑みると、お給料に対する欲求はそこまで強くないと思います。

他方、正社員の男性は、生計を立てるために働きに来ていますので、お金がないと死んでしまうという前提です。当然、お金に対する欲求は強くなり、給料が上がらない状態では、やる気も上がらない可能性が高いと思われます。

このようにそれぞれ置かれている前提条件がずいぶんと違うので、モチベーションの発動条件も違って当然です。モチベーションには、「1人ひとりの理由」があります。「皆こうだから、他の人もこうだ」といった発想や先入観は危険です。前提条件をつぶさに観察する必要があります。

結局いろいろと試して成功パターンを得るのが経営者の仕事

ここまで、心理や行動の実験結果は参考程度にしてくださいとか、モチベーションには1人ひとりの理由があるなど、どうすればよいのかわからないと感じているかもしれません。しかしながら、実際問題、会社ごと、社員ごとに状況が違うため、個別の検討が必要です。結局のところ、よいと思ったアイデアをいろいろと試して、自社の成功パターンを見つける以外に方法はありません。

よいアイデアは、世の中にたくさん転がっていますし、私も次章でそれを示します。しかし、実際に試して、自社に合うかどうかを確認するのは経営者の仕事です。骨の折れる仕事ですが、前向きに、積極的に取り組んでもらいたいと思います。

6 「世代」の移り変わりによる価値観の移り変わりを受け入れる

「変化」として受け入れ常に施策をアップデートしていく

読者の皆さんは、少し前の「ゆとり世代」や、最近の「さとり世代」という言葉について、どのような印象を受けるでしょうか。その世代の心理的な背景を端的に表していて、上手く言ったものだと感心しますが、どこか少し否定的なニュアンスも感じませんか。

冗談めいたニュアンスで使うのなら問題ないと思いますが、若い世代の価値観を否定するような言い回しで使うと、問題があります。年配の社長に多いですが、「今の若いやつは…」と言って、頭ごなしに否定してしまうと、そこで話が終わってしまいます。

冷静に考えてみれば、戦後の何もなかった貧しい世代と、生まれたときから何でもある豊かな世代とでは、置かれた環境が違い過ぎます。それに従って、モチベーションの発動条件も違って当然です。

単に価値観が「違う」という事実を、全くなっていないと言わんばかりに取組姿勢が「悪い」というふうに変換する社長は、考え方を改めなければなりません。そうでなければ、若い社員に、社長は「古い」と評されて、理解し合えなくなってしまいます。また、若い社員を説得しようとして、昔の苦労話や武勇伝を聞かせるのも効果的ではないかもしれません。

年配の経営者の人は、自分が若かった頃のことを思い出してください。自分が若かったとき、年配の人から、「今の若いやつは…」と言われませんでしたか。きっと言われたと思いますし、私も言われました。何が言いたいのかというと、このようなことは、ずっと昔から繰り返されているということです。世代の移り変わりによる価値観のずれは、世の常です。

このような価値観のずれをよいか悪いかという「善悪」で判断せず、「変化」として受け入れることが大切です。変化として受け入れられたのなら、必要なことは、常に施策をアップデートしていくことだと理解できるはずです。

7　社員のモチベーションアップのための4大原則

単純に１人の人間として考える

ここまでの話だけでも、社員の気持ちは割と複雑で、モチベーションアップのための仕事は、面倒そうだと感じた経営者も多いことでしょう。

実際、モチベーション論は、範囲も話題も広大で、現役の経営者だけで立ち向かうにはかなり無理があります。

そこで、私が提案したいのは、あまり複雑にせず、1人の感情を持った人間に立ち返り、シンプルに考える方法です。私がコンサルティングの経験から得た、社員のモチベーションアップのための4大原則を次に示します。

① 社員のやる気が下がることをやめ、社員のやる気が上がることをする（社員がどう思うか、社員が「納得」するか考える）。
② 自分がされたらやる気が下がることをやめ、自分がされたらやる気が上がることをする（自分ならどう思うか、自分なら「納得」するか考える）。
③ モチベーションは積算で考える（足し算と引き算だけの貯蓄で考える）。
④ 多様性と状況変化に対応する（社員の気持ちは十人十色で複雑さがあり、時間や時代の経過と共に変化する）。

これらを見て、何を当たり前のことを言っているのだと感じる経営者もいると思いますが、効果を上げる考え方とは、得てして単純なものです。

先ほども言ったように、再現するかもわからない社会実験の結果を援用するより、単純にこういった原則で動くほうがよほど効果が上がります。

①と②の原則は、何か施策を行うとき、社員がどう思うか、自分が社員ならどう感じるかを考えるということです。とかく経営者は、立場でものをしゃべりますので、社員が嫌がるとわかっていることをやってしまったりします。また、自分がされて嬉しいことや、自分がされて「納得」できることであれば、社員に自信を持って説明できますし、説得力が増します。

③の原則は、社員のやる気は、ある程度の時間、貯蓄されているという私の経験則です。その社員にとって、やる気の上がることが立て続けに重なれば、貯蓄が大きく増えますし、逆なら減ります。そして、ある一定の水準を下回ると、嫌になって辞めてしまうというわけです。また、先にも述べたように、モチベーションアップの施策は、誰に何が効くかはっきりとわからないので、思いつく限りの施策を次々と重ね合わせて、全体的に積算していくという意味も含んでいます。

④の原則は、前項までの議論のとおりで、個人差や時代の変化に対応していくために、適宜、更新していく必要があるということです。

8　安月給は経営者の恥であり社員も外で恥をかく

社員の自尊心をも傷つけていると思えたのなら社員への接し方が根本から変わる

耳の痛い話かもしれませんが、本章の最後に、もう1度、給料のことに触れさせてください。

以前、私の友人の若い男性が、給料に対する不満をもらしていたことがあります。同情して事情を聴いたところ、「この給料では1人暮らしもできません。だから、家に女の子を連れ込むこともできません。合コンで女の子に給料を聴かれても、恥ずかしくて答えられません。実家に寄生して暮らすだけで精一杯です」と言いました。

他にも、同世代の女性の友人からも、給料が安くて悩んでいると相談されたことがありました。このとき私は、一体どれくらい安いのか気になって、今の給料の金額を聴きました。しかしながら、この友人は、いくら聴いても金額を答えてくれませんでした。興味もあったので、相当しつこく聴きましたが、やはり答えませんでした。

仕方がないので、どうして金額を教えてくれないのかを聴くと、「お給料が少ないということは、自分の仕事の価値が低くて、社会に認められていない気がする。だから、自分が傷つくから、口にしたくない」という答えが返ってきました。

これらの話を読んで、経営者としてどう感じるでしょうか。給料が安いことは、見えないところで社員の自尊心をも傷つけています。もちろん、安月給の原因は、本人の能力を反映した結果でもあるので、経営者だけの責任ではありません。しかしながら、経営者が社員の安月給の原因を本人のせいにしてしまっては、格好が悪過ぎます。

次章に入る前に、改めて、給料に対する経営者のマインドを変えて欲しいと思います。それができたのなら、社員への接し方が根本から変わり、社員のモチベーションアップのための行動が加速するはずです。

第8章　社員のモチベーションアップの実務

1　給料が充分な水準に達していなかったらまずやったほうがよい3つのこと

その1：給料決定方法および賃金テーブルを公開する

前章でお伝えしたとおり、大前提として「安心して働いていられると感じる給料」が払えていない状態では、社員のモチベーションアップを行うことは無理があります。だからと言って、現状は充分な給料を払える実力がない会社がほとんどですから、即座に昇給は不可能です。

そこで、このような元も子もない状況を打破するためにやるべきことの1つは、給料決定方法と賃金テーブルを公開することです。考え方としては、いきなり不満のない給料を払うことはできないので、せめて給料がどう決まっているのかをきちんと説明するということです。私がこのように言うと、端的に、「人事制度をきちんとつくれ」ということだと感じると思いますが、そのように考えてもらって差支えありません。

生産性の低い会社においては、社員は給料決定プロセスがブラックボックスになっていることに大きな不信感を持っています。また、社員は、どう頑張れば給料が上がるのか、知りたがっています。給料決定方法が不明瞭な状態では、この会社にずっといても大丈夫なのだろうかと不安になっている社員もいるはずです。

地方においては、給料や人事制度の話題から目を背ける経営者が多いですが、いつまでもそのようなことをしていては、経営改善や生産性の向上は上手くいきません。社員を巻き込んで生産性を上げようとすると、間違いなく社員から給料決定方法について問われ、回答を求められます。どんなに話題をすり替えようとしても無駄です。社員はボランティアで働きにきているわけではありません。給料に関する真摯な説明は、何よりも大切です。

ここで少し補足しますが、給料決定方法や人事制度を社員に示すことと、即座に昇給しなければならないことを結びつけてしまう社長が多いですが、その心配はいりません。賃金テーブルは、あくまでも現状の支払能力に則したものにします。ですから、びくびくする必要はありません。

その２：損益計算書をそのまま公開する（決算書をそのまま公開する）

２つ目のやったほうがよいことは、社員に損益計算書をそのまま公開することです。貸借対照表も含めた決算書を公開すると一番よいですが、貸借対照表は読めない社員がほとんどですから、まずは損益計算書だけでいいと思います。

損益計算書または決算書の公開メリットとしては、次のようなことが挙げられます。

・高い人格で会社を公器とみなすことと同義となるため、社員との信頼関係ができる。
・現状を同じデータを使って理解できるため、共通の目的、目標に向かって協力できる。
・粗利や経費などについて、経営数字へのインパクトを意識した行動を取ってもらえる。
・社員の給料がどのように捻出されているのか理解してもらえ、協力してもらえる。

・会社の業況に関心を持ってもらえ、業績アップに向けた協力関係が築ける。
・会社に利益を残すべき理由が理解してもらえ、社長の苦労も酌んでもらえる。
・決算書を見たかった人に公開することによって、疑念が晴れる。

このように、社員が経営数字を把握するメリットは計り知れません。

なお、社員が損益計算書を読めない場合は、第1章に示したような、わかりやすく数字をまとめた図表などで説明するとよいと思います。ただし、変に事前処理や数字の操作をしないようにしてください。数字の一部を消すとか、加工したりするのは、社員の不審を招き逆効果になります。このような心配がある人は、やはり、損益計算書をそのまま公開するのが無難です。

ところで、「決算書を社員に見せるなんてもってのほかだ」と言う社長がいますが、私からすると、隠したい理由は見え見えです。ここでそれを述べると紙面がもったいないので省略しますが、本気で社員のやる気を上げたいのであれば、損益計算書や貸借対照表はそのまま見せるべきです。

その3：今後の方針や施策を社長の口からきちんと説明する

もう1つやったほうがよいことは、今後の方針や施策を社長の口からきちんと説明するということです。

給料の決定方法や会社の経営数字を説明したがらない社長の傾向として、今後の戦略もきちんと説明したがりません。

社長が自分の言葉できちんと説明しないと、「社長は何がしたいのかわからない」「社長は何を考えているのかわからない」といった不満を社員に抱かせることになります。道標がなく、先が見えなければ社員は不安になるものです。このようなことにならないように、社長の頭の中を可視化して伝え、社員を安心させてください。

今後の戦略や計画を社員に伝える方法としては、社長が得意なやり方でいいと思います。社員に折に触れて説明するのが苦手な社長は、年次で経営計画発表会といった行事を開催するなど、定式化してもよいかもしれません。

今後の方針や施策の内容については、会社都合だけでなく、社員の待遇改善にも言及するようにしてください。今後の作戦を実行するための協力を仰ぐと同時に、それが上手くいったあかつきには、給料やボーナスが上がることを自分の言葉で直接、伝えるようにしてください。

まとめ：まずやったほうがよい3つのことが意味するもの

以上の3つのことは、詰まるところ、「安心して働いていられると感じる給料」が現状では払えないことに対する補てんです。

給料が安過ぎると、前章の欲求階層説に挙げた安全の欲求が優先され、仕事に集中できない状態になります。このような状態では、社員の頭の中は、転職や副業、明日への不安でいっぱいです。

「何があっても社員を大切にし、生活を守る」と言えない会社は、「それに向かって努力する」と宣言することによって、社員から「納得感」を得る必要があります。

給料決定方法を説明し、会社の損益を説明し、今後の戦略を説明することによって、納得感を得ることができ、ようやく、前を向いて先に進むことができます。

2 人事制度の必要性の真実（人事制度に関する重要な論点）

現状の生産性の水準に応じて抽象度を操作する

地方企業においては、人事制度の構築に億劫な社長が多いですが、経営者やコンサルタントは、今のところ、人事制度の必要性について、まともな答えを出せていないのも実情です。「しっかりとした人事評価制度が必要だ！」と叫ぶ人もいれば、「スコア偏重の人事評価などは組織を破壊する危険がある！」と叫ぶ人もいます。なぜ、このように見解が真逆になってしまうのでしょうか。私は、これについて、誰も気づいていない前提条件があるのではないかと思い、ずっと考え続けてきました。

そして、様々な会社を観察する中で、1つの発見があったのですが、給料水準・職務能力と結びつけて考えると、実態をよく説明できることに気づきました。この考えをまとめたのが、次の図表13になります。

図表13に沿って説明すると、給料水準・職務能力が低い状態にある会社は、非常に具体的で緻密

【図表13　人事制度の必要性の真実】

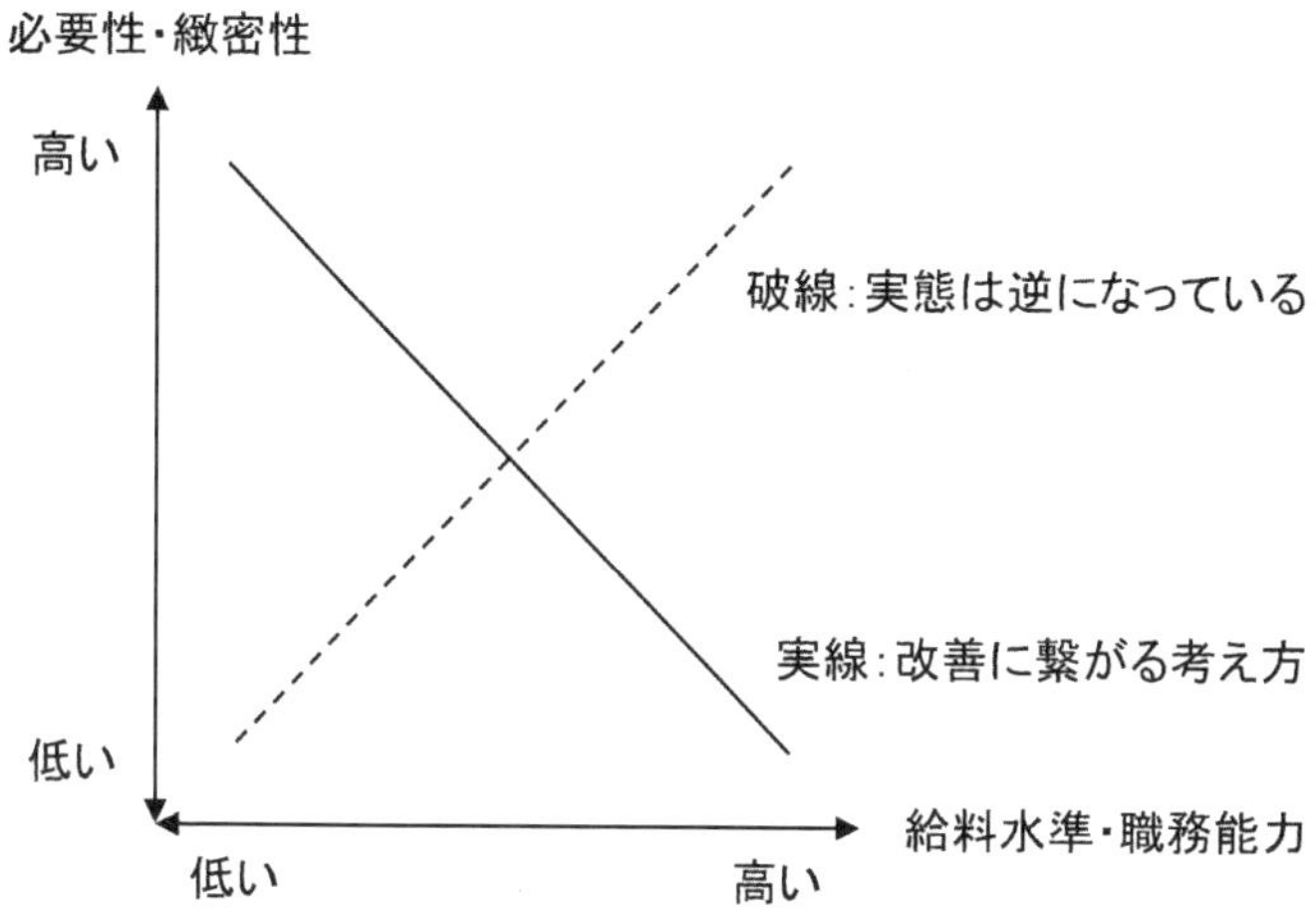

な評価項目と、賃金テーブルを強く結びつけた人事制度が必要です。なぜかと言うと、先にも述べたように、安心して働いていられる給料ではないため、社員が給料決定プロセスに疑念を持っており、開示する必要があるからです。また、職務能力や主体性も低い状態にあるので、緻密な評価項目によって仕事ができるかできないかを細かく判定し、しっかりと統制して、教育やしつけをしていかなければならない状況です。

　他方、給料水準・職務能力が高い状態にある会社は、抽象的な内容で、簡便なものでよく、必要性は低いです。理由は、今の話と逆になります。社員は、給料水準に不安を感じていないので、給料決定方法に疑念を持っていません。また、職務能力や主体性が高いので、創造的で非定型な仕事も増え、評価項目も抽象度が増します。このような優秀な社員に対して、少し幼稚とも取れるような細かい項目を設定し、煩わしい評価を下せば、当然、やる気も削がれ、逆効果となります。

さて、ここまでの定性的な説明は納得してもらえたと思うのですが、実態はどうなっていますでしょうか。実態は、真逆になってしまっています。会社の規模が小さいとか、社員のレベルが不充分な経営者に限って、「うちにはまだ早い」と言って人事制度に取り組まないことが多いです。逆に、それなりに高いレベルにあるのに、この本質をつかんでいない専門家に緻密なものの必要性を説かれて、何でもかんでも細かくスコアにして、社員と会社を壊す場合もあります。

これまで、人事制度の中身についてはいろいろと議論されてきましたが、その必要性や緻密性についての議論はとても少なく、私のような見解を示した人は少ないでしょう。どのコンサルタントも専門家も、自分のターゲットの企業を無自覚に前提条件として想定しており、それを広いレンジに向けて適用しようとするから、根本的な間違いを引き起こすのです。

では、具体的にどのようにその必要性を判定すればよいのか、私の経験から、定量的な水準を示したいと思います。給料水準・職務能力は、当然、生産性と強い相関関係にあるので、これを生産性に読み替えることが可能です。生産性によって必要性を判断すれば、会社規模に無関係に適用することもでき、レベルの判断として便利です。

まず、一番低い水準として、生産性５００万円くらいを想定してください。この水準であれば、緻密なものが必要です。次に、中程度の水準として、生産性1，０００万円くらいを想定してください。この水準であれば、地方企業ではトップクラスですから、人事制度の緻密さもそこまで必要ありません。最後に、地域密着企業ではほとんどいないかもしれませんが、生産性1，５００万円くらいに到達していれば、ほとんど形だけでよく、必要性はありません。

このように生産性の水準に読み替えて考えると、地方企業においては、生産性５００～８００万円付近の会社がほとんどですから、ほとんどの企業で人事制度はちゃんと取り組んだほうがよいということになります。

「社長の鉛筆ナメナメ」は精度抜群で公平だがそういう問題ではない

人事制度について、「社長の鉛筆ナメナメで決めるのではなく、客観的な評価が下せて合理的だ」と考えている人がいますが、これは大きな間違いです。

まず、「社長の鉛筆ナメナメ」は、精度抜群で公平なシステムです。なぜならば、社長はいろいろなことを頭の中で総合的に勘案して、各自の給料を決めているので、何も適当に決めているわけではないからです。そして、社長という1人の人間に全員を同じように照らし合わせて決めていくので、そういった点では公平でもあるのです。

それならば、社長の鉛筆ナメナメでいいではないかと言われそうですが、そういう問題でもありません。社長の鉛筆ナメナメの何がまずいのかと言うと、「ブラックボックスに見える」ということです。社長の頭の中は誰も見えませんから、社員にそのように映って当然です。また、決定プロセスが見えず、社長個人が決めているという構図が、「いい加減で不公平に見える」のです。私がいくら「社長が決めた給料はかなり正しい」と言っても、社員にはそう映らないということです。ですから、人事制度という形で「見える化」をして、全員の給料を同じ基準に照らして決定することによって、「正確で公平に見える」ようにしなければならないのです。

人事制度は社長や評価者の主観のかたまり

人事制度に対するもう1つの間違いは、先ほどの「客観的な評価が下せて合理的だ」という部分です。そもそも、客観的な評価などあるのでしょうか。社長や評価者の主観によってつくられるのが人事制度ですから、むしろ主観のかたまりです。人間が人間を評価するのですから、当然、そうなりますし、そうあるべきなのです。

もし、客観的な評価項目というのが存在していて、それをどこからか持ってきたのだとすれば、社長や評価者の責任逃れと言わざるを得ません。人事制度とは、「社員にこうなって欲しい」という願いを込めるものでもあります。その願いが、社長や評価者から発せられたものでないとするならば、そもそもやる意味があるのでしょうか。社長や評価者の考え方や価値観が社員にしっかりと伝わるような、魂のこもった人事制度をつくってもらいたいと思います。

人事制度をきちんと運用したほうがむしろ社長も気が楽

人事制度に取り組むのが億劫な社長が多いと指摘しましたが、ここでそのような人のために、背中を押す話をしたいと思います。実は、人事制度は、きちんと運用したほうが、社長も精神的に楽になれるのです。

人事制度がないとか、運用していないと、これまで述べてきたような社員の不満が解消されず、その矛先は、当然、社長に向かいます。しかしながら、一旦きちんとつくって運用してしまえば、既成事実ができますから、社員も納得せざるを得ない状態になります。もし、社員から何か不満を言われたとしても、「会社の人事制度に則って、全員同じルールでやっている」というふうに堂々と回答することができ、それ以上の問題になりません。

3　ボーナスに対する考え方の提案

評価を下すのは月給だけにして賞与で再度の評価をしない

次に、給料決定方法の開示や、人事制度に関連して、賞与に関する私の考え方も紹介したいと思います。

これまでの人事制度や給料決定方法の議論は、月給についての話であることが大前提です。他方、賞与に対する評価がどうなっているかというと、ほとんどの会社において、意外としっかりと評価を下しているようです。人事制度によって月給を決めるのは億劫である一方で、賞与に関しては、逆に多くの経営者が評価を下したがるので、少し不思議に思っています。

あまり賛同の得られない考え方かもしれませんが、私としては、賞与で再度の評価をする必要はないのではないかと考えています。なぜならば、人事制度が適正に運用され、それによって月給が決定されているのであれば、そこで既に評価は決まっているはずだと考えているからです。

そして、基本的に、賞与は月給の倍率で決めますから、賞与でまた評価を下して差をつけると、評価の高い人はより高くなり、評価の低い人はより低くなるといったような、言うなれば、「二重評価」のような状況になってしまいます。

このような状況を解消するために、私としては、月給で適正に評価をしたのなら、賞与での再評価は省略すべきだと考えています。それに、管理職や社員も、頻繁に評価の仕事ばかりさせられていては、疲れてしまいます。

なお、やむにやまれぬ事情で、月給をあまりいじれない状況に陥っている会社もありますから、その場合は、逆に、賞与で思い切り評価しなければなりません。

賞与は業績連動とし皆月給ベースの一律〇か月分とする

評価を下さない賞与の決め方としては、単純な月給の倍率のみがよいと思います。今述べたとおり、月給で既に差はついていますから、その倍率だけ決めてやればいいわけです。

賞与の総額としては、会社の業績連動とするのがよいと思います。業績がよかったらたくさんもらえ、悪かったら少なくなるという、誰からもわかりやすい考え方は、社員の協力関係や納得感を得やすくなります。

具体的な計算方法としては、会社の業績に応じて賞与の総額を決め、それを全員の月給の総額で割るだけです。これで、全員が一律何か月分のボーナスをもらえるのか決まります。

これらのような考え方や方法を取ることによって、賞与に向けて自分個人だけの評価を上げようとする社員の考えを改めさせることもでき、全社的な協力関係を醸成することが可能です。また、社員に賞与の通知をするときも、「皆で頑張った結果、今回は○か月分です」と言うだけで済み、単純でとてもわかりやすくなります。

パート社員にもボーナスを払え

賞与の議論の1つに、パート社員に支給するかどうかというものがありますが、私としては、正社員と同じように払うべきだと思います。

地域密着企業においては、正社員の能力が必ずしも高くない状態が散見されますので、生産性を上げていくためには、優秀なパート社員を上手く活用していくことがどうしても必要になります。子育て中の女性など、家庭の事情でパート社員をやっている優秀な人はたくさんいます。このような人に主体的に働いてもらうためにも、ボーナスによるモチベーションアップは活用すべきです。パート社員にボーナスを支給すると、本当に喜びますし、目に見えてやる気が上がるのを感じることができます。

4　社内イベントでコミュニケーションと職場風土を活性化する

「今の時代、会社で旅行なんて誰も参加しない」はウソ

以前、私が主催するモチベーションアップのための経営セミナーで、社員旅行の話をしたことがあります。このとき、社員旅行について、参加者同士で次のような興味深い世間話が始まりました。

参加者の1人が、「うちの会社は、参加者が少な過ぎて、ついに昨年、社員旅行を廃止しました」と残念そうに口を開いたところ、別の参加者からは、「実は、うちは明日から社員旅行に出かけます。過去最高のほぼ100％の出席率で、今からみんなワクワクしています」という声が挙がりました。

この対照的な話を聞いて、経営者としてどう考えればよいでしょうか。社員旅行の出席率が上がらないことを時代のせいにする人がいますが、片や、ほとんど全員参加していると言っています。これは、つまり社員旅行の参加率が上がらないのは、時代のせいではないということです。単に、会社の仲間や経営者が嫌いだから参加したくないだけです。考えてもみてください。家族や友人、恋人とは旅行に行きたいのに、相手が会社の人間になった途端、行きたくないと言っているのです。これは、会社の人間関係があまりよくないことを示唆しています。

こんな状況では、社員のやる気を上げるとか、生産性を上げるための協力関係を築くといったことは難しくなります。

【図表14　社内イベントを使って段階的に楽しい職場を目指す】

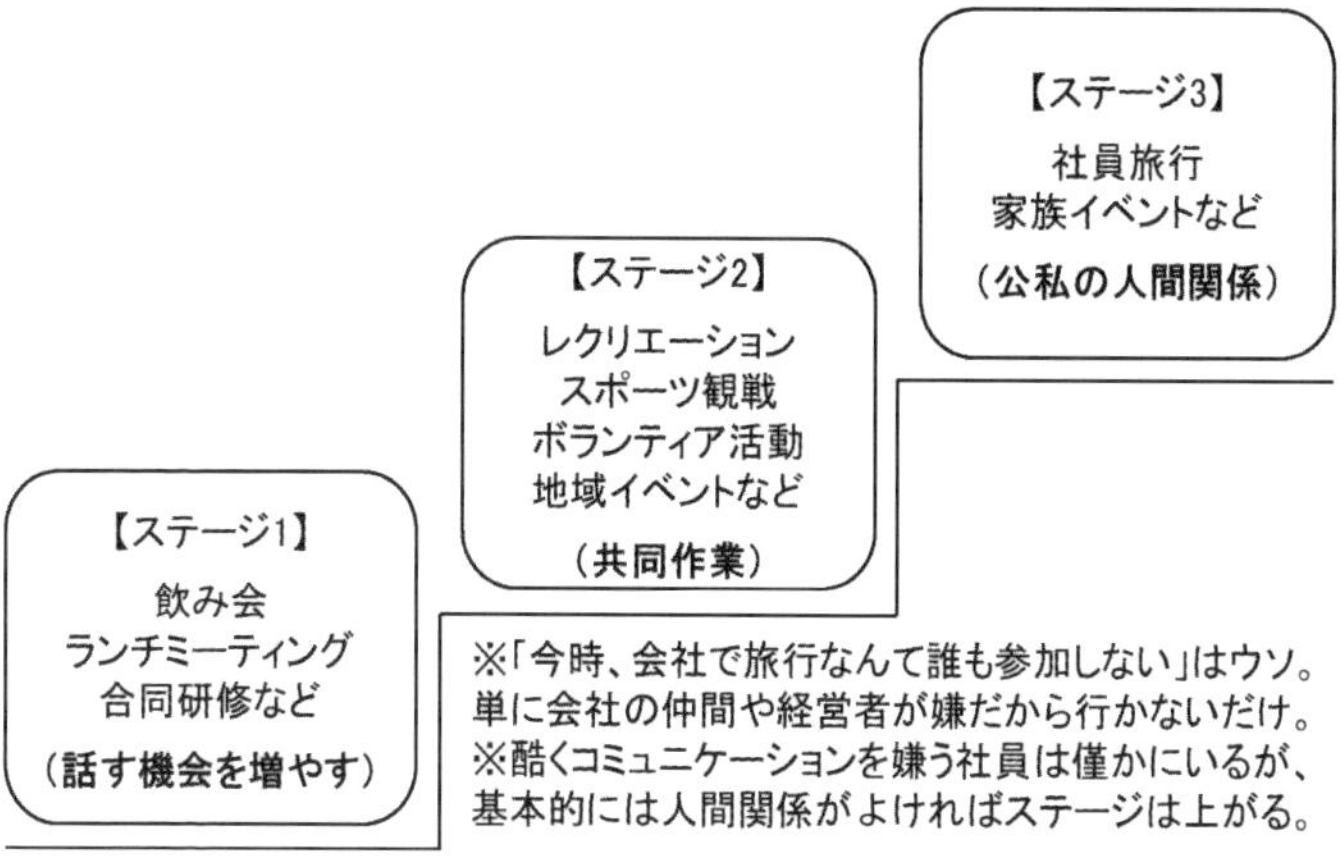
【ステージ3】
社員旅行
家族イベントなど
（公私の人間関係）
【ステージ2】
レクリエーション
スポーツ観戦
ボランティア活動
地域イベントなど
（共同作業）
【ステージ1】
飲み会
ランチミーティング
合同研修など
（話す機会を増やす）
※「今時、会社で旅行なんて誰も参加しない」はウソ。
単に会社の仲間や経営者が嫌だから行かないだけ。
※酷くコミュニケーションを嫌う社員は僅かにいるが、
基本的には人間関係がよければステージは上がる。

誤解のないように補足しますが、社員旅行に必ず行くべきだという話ではなく、社員旅行に行きたがらない人間関係に問題があると言いたいのです。

参加しやすい社内イベントの定期開催から始め３ステップで段階的に楽しい職場を目指す

現状の人間関係がよいか悪いかは、会社ごとに違うと思いますが、いずれにしても、職場の人間関係をよくするために、図表14に示すような社内イベントを活用することをおすすめします。

先の話題に挙げたような、社員旅行に誰も行かないような会社では、人間関係があまりよくない状況と考えられますので、いきなり社員旅行のような「公私の人間関係」を求めても無理があります。そのような状況の場合は、図表14に示した、ステージ1の飲み会やランチ会といった、「話す機会を増やす」という段階からやり直してください。それができたら、次に、ステージ2のレクやスポーツ観戦などの「共同作業」の段階に進んでください。このように、現状を鑑みて、無理のないステップを踏んで、少しずつ社内の人間関係をよくしてください。

ここまでの話を読んで、「会社は遊びに来るところではない」と感じている経営者もいるかもしれません。そのように感じたのであれば、前章で紹介した、マズローの欲求階層説のうちの、所属と愛の欲求を思い出してください。会社の人と仲よくしたいという欲求は、人間が本来持っているものですから、当然、モチベーションアップにも大きく寄与します。

5 格好をつけてあげて自尊心と帰属意識を高める

身なりをきちんとするだけで社員のやる気は上がる

単純な話ですが、人間、きれいな服を着るとか、格好よいクルマに乗るなど、身なり等をきちんとするだけで、自尊心が高まり、気持ちが上向くものです。これは会社で働く社員に当てはめても同じことで、就業中の身なりをきちんとするだけで、社員のやる気は上がるものです。

具体的には、次のような、身につけるものや仕事で使うものについて、格好のつくようにして、社員に外で恥をかかせないようにしてください。

- 制服、作業着、社章などの衣服や装飾品類
- 名刺やパンフレットなどの他社に差し出すもの（紙質やデザイン、記載内容など）

・ホームページなどのウェブ上で他社の目に触れるもの
・事務所ビルやオフィス環境
・パソコンやスマホ、社用車などの仕事で使う道具類

単純なことかもしれませんが、これらのことをしっかりやるだけで、社員の会社に対する帰属意識も高まります。具体的に何をやるか、社員の要望を聴いてみるのもよいと思います。比較的簡単に実行できることも多いですから、施策の1つとして直ぐに取り組んでみてください。

6　目標管理をやめろ

目標管理と言われているものの問題点（欠陥）

目標管理と言われている管理手法は、多くの経営者がご存知だと思いますが、大きな欠陥があることにお気づきでしょうか。実際、私自身も会社員として何度か経験したことがありますが、正直なところ、上手くいった試しがありません。読者の中でやったことのある人がいたら尋ねたいのですが、上手くいったでしょうか。会社がぎすぎすしただけではないでしょうか。

問題点として、まず、目標を会社（社長や上司）とすり合わせた瞬間、ノルマ管理に化けます。そして、目標の達成度合いに応じて評価（給料）が決まるとなれば、大きな目標を立てると、「達成できなかったとき、評価（給料）が下がる」という動機づけになってしまいます。したがって、

大きなことや将来的なこと（長期的なこと）に挑戦せず、「目先の小さな目標を達成したほうが得」という動機づけになります。これに対して、社長や上司は、社員が低い目標を立てないように強引にすり合わせを行うので、結局、ノルマ管理になるのです。

他にも、自分の目標達成（評価）に関係ないことはしなくなりますから、例えば、他の社員への協力などをしなくなります。

上司と部下の関係が、「やらせる側」と「やらされる側」という構図になり、人間関係が悪化して、信頼関係が壊れます。

会社の立てた戦略に則って、各社員に目標が落とし込まれますので、そもそもその戦略自体がイマイチだとしたら、そのもとで目標を管理される社員の苦痛は計り知れないものがあります。

これらのような理由から、私としては、目標管理と言われているものはやめるべきだと思っています。会社から半ば無理矢理に立てさせられた目標に対して、「お前が自分で立てた目標だろ」と言われて理不尽な追及をされるのですから、実際は、ノルマ管理よりも酷い状態です。この手法は、内発的動機づけをもたらすと言う人もいるようですが、会社から強制的に選択させられた目標と、社員個人の根底にある夢や希望が一致することは稀であり、内発的動機づけにはなり得ません。

どうしても目標管理と言われているものをやるなら…

正直なところ、目標管理と言われているものの真意がどういったことかは興味がありませんが、どうしてもやりたいのであれば、問題点を解消する必要があります。問題点を解消するためには、次の点を修正する必要があると思います。

・目標の達成度合いと給料を結びつけない（給料決定方法に組み込まない）。
・内容を社長や上司とすり合わせない（自己管理に任せて、放任する）。
・社長もやる（自分だけ特別扱いしない）。

本来、目標管理と言われているものは、自分で勝手に主体的にやるものだと推察されますので、このように修正する必要があると思います。

しかし、これらのような修正をするのであれば、そもそもやる意味がないと感じる経営者も多いことでしょう。その場合は、さらに次の提案として、ノルマ管理をおすすめします。

やるならノルマ管理のほうがまだマシ

本項で述べてきたとおり、目標管理と言われているものは、問題点が多いため、もしやるのであれば、普通のノルマ管理をおすすめします。

社員からしてみても、ノルマ管理のほうが、よほど納得感があります。会社として、きちんと目標を定めた上で、各社員に対して、「あなたにはこれだけのノルマの達成を期待しているから、大いに頑張って欲しい」と言って頼りにしていることを伝えたほうが、よほどやる気が上がると思います。

7　目標管理から目的共有へ

利害（目的）の一致（共有）部分を探す

前項の目標管理と言われているものに代わる考え方として、「目的共有」をおすすめしたいと思います。「目的共有」とは、私のつくった造語ですが、読んで字のごとく、正に目的を共有するという考え方です。別の言い回しとして、利害の一致部分を探すと捉えてもらっても構いません。

図表15に目標管理との比較を示します。前項でお伝えしたとおり、目標管理と言われている手法の場合、どうしても会社都合を押しつけるという構図になってしまいます。

そこで、私としては、より上位の概念である目的に触れ、それを互いに理解し合うことをおすすめします。

ここで言う目的は、３つの立場からのものがあります。社長が会社を経営している目的と、社員が会社に所属する目的、そして、法人としての会社の存在目的の３つです。

図表15にあるように、これら3者の利害が一致している共有部分において、協同が可能になるわけですから、それが何なのかをきちんとお互いに理解し合うことが欠かせないと考えます。別の言い方をすれば、互いの目的意識がずれているのに、目標だけ無理にすり合わせても、根本的なところが一致していないのだから、モチベーションアップには繋がらないのです。

【図表15　目標管理から目的共有へ】

（会社都合を）　（押しつける）

目標　管理

↓

目的　共有

（互いの理念、生き方を）　（理解する、受け入れる）

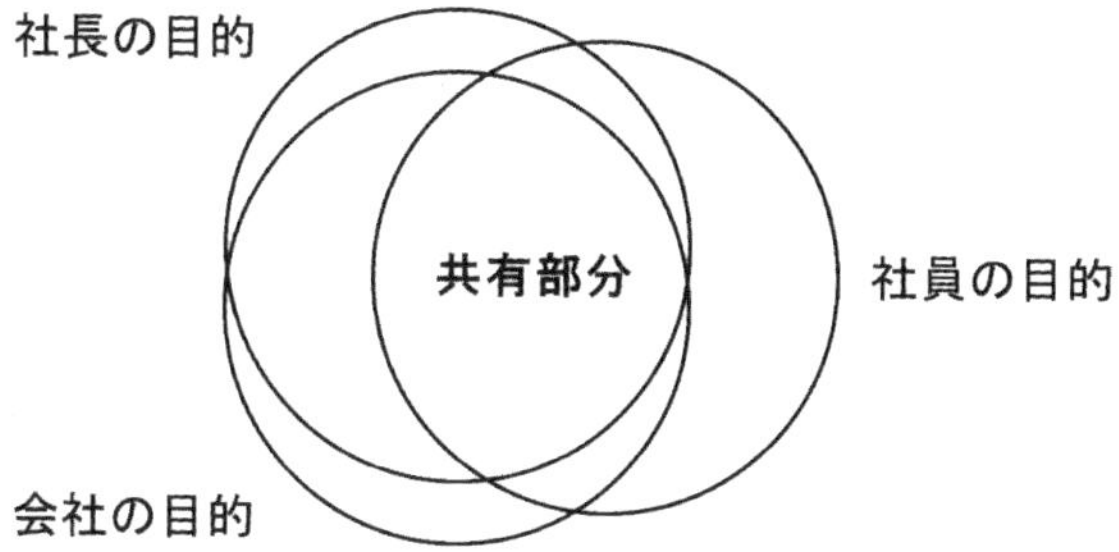

社長が会社をやっている目的や、法人としての会社の存在目的も明らかにして欲しいですが、ここで一番興味があるのは、社員が会社に所属している目的です。社員がなぜ、今の会社で働いているのか、その参画目的を次のような質問によって特定していくことが有効です。

・なぜこの会社で働いているのか。
・どんな人生を送りたいのか。人生の目的やテーマは何か。
・よい人生を送るために今の会社の中で何をすべきか。何をしたいか。
・仕事に対する本音やモチベーションの源泉は何か。

これらの質問をして社員の本音を聴くと、驚かされることや発見もあると思います。中には、社長や私が予想もしなかったような理由で働いている社員もいます。1人の人間として社員に興味を持ち、何を考えているのか、素直に聴いてみてください。そして、その情報をもとに、モチベーションアップの施策を考えてみてください。

8 個人面談を定期的に実施する

定期的に1対1で話していれば大きな問題は起きない

社長への助言として、定期的な個人面談を必ず実施するように言っています。私の経験として、定期的に1対1できちんと話す場を設けていれば、少なくとも大きな問題は起きないという認識があります。

社員と意思の疎通が得意な社長は行わなくてもいいかもしれませんが、社員と向き合うのが苦手な社長は、個人面談という会社の仕組みに落として定期的に行うのがよいと思います。

他方、社員の気持ちとしても、ほとんどの人は、社長と話をしたいと思っているものです。こういった社員の気持ちに応えるためにも、個人面談を定期的に行うのがよいです。

個人面談のやり方について

個人面談のやり方としては、年2回以上、定期的に行うのがよいと思います。賞与の時期と併せて行う会社が多いため、年2回が一般的な頻度だと思います。

人数の多い会社については、社長が全員と面談することは無理があるので、役員や部長クラスまでで手分けをするなどして実施してください。ただし、社員から見て、なるべく社長に近い上の役職の人と話せるようにしたほうがよいと思います。

個人面談をする際、できれば面談用のノートなどを用意して、話したことを記録していくとよいと思います。これは、社員のカルテと考えてもらってもいいかもしれません。前章でお伝えしたように、時間や状況が変化すれば、社員の価値観や考え方も変わっていきます。面談の履歴を残すことによって、変化に気づきやすくなると思います。

個人面談のやり方で一番聴かれることは、「何を話したらよいのか」ということですが、正直なところ、何を話してもらっても構いません。面談で話をすること自体に一定の効果が見込まれるので、例えば、次のような内容でよいと思います。

・成長や成果をほめる。
・会社の今後の方針を共有する。
・今後のキャリアパスプランの相談。
・困っていることや改善提案。
・仕事のモチベーションの源泉は何か。
・今後の人生設計について。

・本人や家族の近況、趣味など。
・なぜこの会社で働いているのか。

このように、話す内容は何でも構わないと言いましたが、社員を叱責するとか、社長や上司の話を一方的に聞かせる場とするのはよくありません。あくまでも、モチベーションアップの施策として、社員の話を丁寧に聴き、相談に乗る場であることを忘れないでください。

9 キャリアパスプランを可視化し成長モデルを提示する

今の会社で働いていると将来どんな人材になれるのかを示す

社員の大きな欲求の1つに、「成長したい」「キャリアアップしたい」といったものがあります。職務能力が高く、向上心のある社員ほど、今の会社で働いていたらどんなことができるようになるのか、あるいは、どんな人材になれるのか、といったことにも関心があります。

会社として、この欲求に応えるためには、キャリアパスプランや、成長モデルを可視化することが求められます。具体的に、どのように職務能力や職位が上がり、どのような仕事ができるようになるのか、典型的なステップアップのモデルを社員に示すようにしてください。

また、ステップアップするための教育制度や研修制度についても、併せて示すようにしてください。

人間、誰しも、自分の将来像には関心があると思います。その将来像がある程度明確で、明るいものであれば、モチベーションは上がります。逆に、将来像がなければ不安になります。

これは、会社が社員の将来像を考えているという意思表示でもあります。会社が社員の将来のことを考えていることが伝われば、社員も安心し、会社に対する帰属意識も高まります。

10　得意な仕事を増やし苦手な仕事を減らす

会社は「精神修練」の場であるかどうか

以前、ある社長との打合せで、次のような面白いやりとりがありました。社長がある社員のことについて、「あいつにあの仕事をさせていても、やる気がないし、別のやつにやらせよう」と言うので、私もそれに同意して、「やる気がない人にやらせても、上手くいかないから、それがよいのではないですか」と答えました。

すると、専務が社長と私に対して、「いや、仕事というのはそういうものではない。やりたくないことも多少我慢してやらなければならない」と意見をしてくれました。

社長と私は顔を見合わせて、「いやぁ、そうかもしれないけど、そんな堅苦しいこと言わなくてもさぁ…」という反応をしました。

このやり取りを聞いて、読者の皆さんはどう考えますか。社長という人種は、基本的にやりたくないことはしませんから、この話題は社長のほうが理解を示します。他方、幹部はやりたくないこともやらされてきていますので、話題に挙げた専務と同じ意見を示すかもしれません。

これは、会社を「精神修練」の場と捉えているかどうかの問題ではないでしょうか。会社をある種の精神修練の場とも考えているのであれば、私も話題に挙げた専務に同意しますし、大いに鍛錬してもらえばよいと思います。

しかし、会社は精神修練の場ではないと考えているのであれば、得意で好きな仕事の割合を増やし、苦手で嫌いな仕事の割合を減らしてあげたほうが効率的です。無理に嫌がる仕事をさせても、本人にとっては罰ゲームでしかありません。

本項の結論は、仕事に対する価値観や考え方によりますが、得意な仕事ややりたい仕事をある程度は認め、主体性を発揮させる方向にもっていってはどうでしょうか。苦手なことややりたくない仕事を無理矢理させていては、内発的モチベーションの発現など、夢のまた夢です。

11　内発的モチベーションが自然に発現される環境をつくる

社員の心配事がなくなるように努め仕事に集中できる環境を整える

本章のまとめとして私がお伝えしたいことは、社員が仕事自体から楽しみを得られるよう、他のことを気にしなくていい環境をつくるということです。

以前、社員に向かって、「内発的モチベーションを発揮しろ」と言う社長がいましたが、これは明らかに矛盾しています。強要している時点で、内発的モチベーションではありません。

余計なことを気にしないで、仕事に没頭できる環境さえ整えれば、自然とそれが促されます。動機を強要するのではなく、環境を整えるのが経営者の本当の仕事ではないでしょうか。

社員が仕事に集中できる環境を整えるために、本章でお伝えしたような仕組みをいくつも積み重ね、きちんと見える形、理解できる形で、継続的に運用することが「納得感」につながり、ひいては内発的モチベーションに繋がると思います。

12　キャリアアップ、賃金アップしたがらない社員たち

公平な人事制度で上手く共存させる

本章の最後に、地方企業特有の、何とも言えない微妙な話題にも触れておかねばなりません。

私の住む長野市の中心市街地から車で1～2時間も移動すると、社員の生活の雰囲気が大分様変わりします。かなり田舎の地域では、実家に住んでいて、田んぼも畑もあって、生きていくだけなら困らないような社員の割合が増えてきます。

このような、食うに困らない環境の中で暮らす社員は、中心市街地の人間と比べて、そもそも、会社で働く意欲がそこまでない場合があります。本人たちに悪気はなく、これはこれで幸せな状況

なのかもしれませんが、経営者としては悩ましいところです。

かなり田舎のほのぼのとした社員と、稼ぐ気満々の社員を上手く共存させるには、自然に合理的な差がつく公平な人事制度が必要になります。こういった向上心の希薄な社員と、主戦力で頑張ってくれる優良な社員の間に賃金格差がないと、優良な社員が嫌になってしまいます。地域の実情を受容しつつも、公平に差をつけ、上手く折合いをつけることが肝要です。

【コラム】 何をもって人事評価するか

本章では、人事制度に関する重要な考え方をお伝えしてきましたが、ここで、何をもって評価するかについて、少しだけ触れたいと思います。評価項目を大別すると、次のようになります。

① 年齢、勤続年数
② 成果、結果
③ 成果に繋がる重要業務、プロセス、期待役割
④ ノウハウ、スキル、技術、知識、資格
⑤ 取組姿勢、勤務態度、価値観、情意

実際の人事評価制度の構築に当たっては、これらの項目のどれを加えるかと、加えた項目の重要度（ウエイト）を操作して、所望の制度を設計していくことになります。

第9章　採用活動の改善

1　そもそも「選ぶ」という状況にないことも多い

人を選べないからといって諦めてはいけない

私が住んでいる長野市は、県庁所在地でもある中心市街地ですから、地方の中でも人口は多いほうです。しかしながら、この中心市街地から1時間も車で移動すれば、状況はかなり変わります。例えば、長野市の隣接市町村の飯綱町では、そもそも人口が少ないですから、そこに住んでいる人を雇う以外に方法がありません。会社の魅力を高めて、遠方からでも雇用できればよいかもしれませんが、こういった事情の当事者ならば、話はそう簡単ではないのはおわかりいただけると思います。

このような選択肢がない中でも、努力できることはあり、それらをきちんとやることが大事です。

2　人を雇う最適なタイミング（人手不足は生産性を上げる絶好のチャンス）

生産性の低い会社は基本的に人を雇う必要はない

忙しくなると、条件反射的に人を雇う経営者が多いですが、この習性は改めなければなりません。第1章でも述べたとおり、生産性の低い会社は、人を雇うとますます仕事が薄くなります。人手不足や突発的に人が辞めたなどの局面では、生産性を上げる好機と捉えて、人を入れないでください。

少なくとも、１人当たり付加価値額が８００万円くらいまでは、人を雇う必要はありません。

こういった局面で踏ん張り、経営改善をすればこそ、生産性は上がるのです。それに、仮に雇ったとして、その新人が辞めないという保証はどこにもありません。手が足りないという問題に対して、人員を追加して解決するという一面的なものの見方をしていては、常に人事面のリスクが伴います。

また、物理的に人がそこにいないと成立しない仕事や、シフトが埋められないといった理由で、どうしても雇わなければいけない場合でも、ギリギリまで既存の社員の残業でしのいでください。残業が多少かさんでも、人を増やさないほうが先の人事面のリスクや社内の人間関係の問題が生じにくいため、結果的に安全です。人を雇うタイミングとしては、既存の社員の残業時間をかき集めて１人分になったときに、生産性の水準と相談して、ようやく考えるようにしてください。

３　優秀な人材の採用の前にまずはマッチング精度を高めることが先

優秀な人というよりは現状の自社に合う人を採用する

地域密着企業の経営者の切実な願いの１つに、「優秀な人材が欲しい」というのがありますが、ここでも少し冷静になる必要があります。

仮に、偶然、優秀な人が雇えたとしても、その人は遅かれ早かれ会社を辞めることになります。

なぜならば、優秀であるがために、待遇に満足できなくなるとか、一緒に働く職場の社員の職務能力が低くて嫌気がさしてしまうのです。

結局、自分によりふさわしいと思える会社に転職してしまいます。このようにならないためには、優秀な人を頑張って雇うというより、現状の自社に合うかどうかを見極めることのほうが先決です。

そのためには、まず、少なくとも会社側は、「背伸びをしない」ということが大事です。採用活動は、ある意味、お見合いのような側面があるので、お互い実態よりもよく見せるとか、不都合な実態を隠してしまいがちです。実像と違う状態で一緒になると、入社前の期待感と入社後の実態のギャップが大きくなり、大幅なモチベーションの低下を招きます。

一緒に働く仲間が直接選ぶ（一緒に働く社員を採用プロセスに参加させる）

もう1つ大事なことは、一緒に働く仲間が直接選ぶということです。社長や人事担当だけで決めると、マッチングの精度が大幅に落ちます。私はよく、「社長だけで選ぶと失敗するから、必ず社員に選ばせてください」と言っています。入社後に一緒に仕事する人と合うか合わないかは、何よりも大事です。それに、もし社長が勝手に選んできたとなれば、仲間と上手く合わなかったとき、社員は「社長が使えないヤツを連れてきた」と言って、新人に対する責任意識を放棄します。

これに加えて、面接や面談の回数を増やすようにしてください。初対面で、フィーリングで一発で決める社長がいますが、これは間違いのもとです。お互いの情報量を増やすために、会う回数を増やすようにしてください。必要があれば、体験入社も積極的に行ってください。仕事と人間関係の両面で、実際にやっていけるかどうかをお互いしっかり判断するようにしてください。また、接触する間に、会社の理念や価値観を伝えてください。価値観や考え方のずれは、後々、致命傷になります。

人事評価制度で給料を決定する

地方の企業では、中途採用が圧倒的に多いと思いますが、このとき問題になるのが給料の決め方です。往々にして、新人に対する期待感から、中途採用者は過大評価となりがちです。実際、入って即戦力にはなかなかならず、給料の払い過ぎになります。また、給料を個別に決めてしまうと、他の社員との整合性が崩れていき、後々、調整不能になります。既にそうなっている会社が多いのではないでしょうか。このようなことにならないように、新人の能力を人事評価制度にきちんと照らして判定した上で、給料を決定してください。

給料の決定と併せて、就業規則の読合せも必ず行ってください。労務問題の多い昨今ですから、入社後のトラブルを未然に防ぐためにも、就業規則は事前に理解してもらってください。

4　誰でも何でもやってもらうこと（多能工化）を入る前にしっかり伝える

大事なお願い事は入社前にする

第５章で、多くの会社で基本的に多能工化したほうがよいと述べました。これを円滑に進めるためには、採用時点でそれを了承してもらうことが大事です。採用後に、予め想定していた仕事ではないことをお願いすると、「そんなの聞いていない」とか、「それは私の仕事じゃない」と言われてしまい、柔軟な分業体制が敷けなくなります。

「入社して最初が肝心」とよく言いますが、それでは手遅れです。いろいろと柔軟に働いて欲しいというお願いをするなら、「入社前の採用時が肝心」です。

5 縁故採用をするときの留意点

他の社員と同じように正当な採用ステップを踏む

地域密着企業の採用事情で無視できないのは、縁故採用です。知合いから直接雇ってくれるように頼まれるとか、何とか人材を確保したい都合上、伝手に頼らざるを得ないといった側面があります。地方の実情として、縁故採用自体は仕方のないことだと思います。ただし、やり方に注意しなければなりません。

縁故採用であっても、先に述べたようにマッチング精度を高める必要があるため、他の社員と同じ採用プロセスを通過させるべきです。もし、採用基準に達していないと判断したならば、迷わず不採用にしてください。ここで妙な気遣いは禁物です。入社後にダメになってしまった場合、縁故採用なだけに、退職勧奨が難しくなります。

6　銀行ＯＢの受入れは要注意

銀行ＯＢの期待役割は総務部長か財務部長で決まり

地域でそれなりの会社になると、銀行ＯＢを雇用する機会が生じ、社長もそれをある種のステータスに感じるようです。しかしながら、私の知る限りでは、銀行ＯＢを受け入れてよかったと回顧する社長はほとんどいません。期待して入社してもらったが失敗したという社長がほぼ全員です。なぜ、このような結果になってしまうのでしょうか。

確かに、地銀出身者であれば、学力も職務能力も、その地域においてはトップクラスです。しかしながら、実際は、銀行員という特殊なキャリアが邪魔をして、地方企業のコア業務を上手くこなすことができないようです。また、理由はわかりませんが、銀行ＯＢ本人も、転籍先の企業のコア業務をやらされることを極端に嫌います。

この問題は、どちらかと言うと、雇う側の社長に責任があります。長らく銀行でキャリア形成してきた人材を、今更、自社のコア業務に当てても、適性を示すかは疑わしいものです。銀行ＯＢの受入先が会計事務所などであれば相性がよいかもしれませんが、基本的にコア業務をやらせるのは無理があります。

したがって、コア業務での手腕を期待するよりも、本人のこれまでのキャリアに期待すべきです。

具体的には、経理や財務など、間接部門の強化に本領を発揮してもらうべきです。これに加えて、上場会社で教育を受けてきた人材ですから、地域密着企業が弱いコンプライアンス（法令遵守）や安全衛生、教育訓練や採用活動などにも力を発揮してもらえるはずです。

7 出戻り社員の正しい取扱方法

過去の退職理由は何だったか

過去に1度雇った社員をもう1度雇うことは、地方企業には時々ある話です。特に、人口が少ない地域では、貴重な人材を確保できる数少ない機会ですから、再度、雇用したいところです。

ここで注意したいのは、再度の入社の際に、過去の退職理由が何だったかです。

後向きの退職理由だった場合、それが解決できていないのであれば、絶対に入社させてはなりません。例えば、会社側がその社員の取組姿勢を問題視して辞めてもらったとか、社員側が会社に不満があって辞めていったなどです。これを解決しないと、同じことの繰返しになります。これは、どちらか、あるいは互いに文句があって離婚した夫婦が、安易にもう1度結婚するようなものです。

逆に、過去の退職理由が、ただの家族の転勤などだった場合は、諸手を挙げて受け入れましょう。他にも、移住先での生活状況が変わり、Uターンして戻ってきたなどの理由も問題ありませんから、大歓迎です。

第10章　経営者のマインドの改善

1　今の会社の状態はよくも悪くも経営者の人間性そのものを表している

オーナー社長の心（マインド）のありようがそっくりそのまま経営に反映される

私は、地方の企業の社長にコンサルティングをしていてつくづく思うことがあります。それは、今の会社の状態は、よくも悪くも経営者の人間性そのものを表しているということです。まさに、社長の心（マインド）そのものです。

それもそのはずで、地域密着企業においては、オーナー社長がほとんどなので、ある意味、独裁者であり、基本的に自分の好きなようにできます。したがって、自分の心のありようが、そっくりそのまま経営に反映されます。

よい面もあるが悪い面もある。悪い面は自分の人生をよくするためにも直す

今述べたとおり、地方のオーナー企業は、社長の人間性がそのまま経営に反映されるので、よい面はとてもよいのですが、反面、悪い面が出てくると、経営に大きな悪影響を及ぼします。したがって、コンサルタントとしても、社長の心という要素は無視できず、それどころか、一番大きな影響因子であると考えています。

本章の具体的な話題に入る前に、私が結論として意識して欲しい事柄を３つ挙げます。すべての

事柄に当てはまるよう表現を一般化してあるので、何のことだかわからないかもしれませんが、取り敢えず、頭に入れておいてください。

①　自分の心に正直になること
②　欲を征服すること
③　道徳心を養うこと

①の意味は、無理によい人ぶるとか、立場でものをしゃべるとか、本当は嫌だと思っていることを我慢してやるといったことをやめるべきだということです。まずは、自分の心の弱い部分や本心を偽っている部分を素直に認めなければ、改善はありません。

②については、欲を我慢しなければならないという意味ではありません。私にも欲はありますし、無理に抑え込んでいません。ただし、それに振り回されて、破滅するようでは困ります。欲にまみれて自分を見失わないよう、欲を手なずけ、自分の支配下に置かねばならないという意味です。

③については、そのままの意味ですが、株式会社という仕組み自体が、自分さえよければいいとか、自分の会社だけ儲かればいいといった、不道徳な心を生み出しやすいシステムなので、それに抗うだけの強い精神を鍛える努力をしなければなりません。

社長の心と経営状態というのは一体のものでもあるので、本書のタイトルにもある、経営者の人生をよくすることと経営改善は、ほぼ同義なのです。社長の心をよい方向に向かわせることによって経営状態がよくなり、結果、社長の人生もよくなるのです。他の章でも事あるごとに経営者の心の問題に触れてきましたが、本章で、改めていくつかの重要な事柄について、少し詳しく議論したいと思います。

2 経営理念はあったらよいがなくてもいい

皆に考えを周知するのにはよいが業績とは関係ない

私が経営者と話をしている中で、しばしば「経営理念はあったほうがよいですか」という質問を受けることがありますが、私は「あったらよいと思いますが、なくても別に構いません」と答えています。このように、どちらでも構わないような言い方をすると、真面目な経営者は怒るかもしれませんが、これにはそれなりに理由があります。

まず、経営理念とは何かですが、その定義についてはいろいろと考え方があり、人によって違うと思いますが、ここでは「経営をする上での価値観や哲学を明文化したもの」と考えてください。

まともな経営理念がなくて焦っている経営者の人に朗報ですが、私の経験上、あってもなくても業績とは無関係です。私の客先で、一番安定感があり、無難な経営をしている社長は、経営理念はつくっていません。私が時折、試しに提案しても、相変わらず興味はなさそうです。逆に、経営理念を毎日御経のように唱えていても、業績が悪い会社もあります。

では、経営理念は何のためにつくるのでしょうか。1つには、皆に経営者の価値観や哲学を周知する効果があると思います。人数が多くなってくれば、すべての人が経営者と日常的に接することができるわけではないので、経営理念があると便利です。逆に、地域密着企業は、比較的に人数が少ない会社が多いので、このような必要性がなければ、無理につくらなくていいと思います。

魂のこもっていない経営理念が呪縛になるようならないほうがマシ

私が経営理念はなくても構わないと言っているのは、場合によって邪魔になることがあるからです。よくないのは、最後のよりどころである経営理念に依存して、自らの意思決定の自由や主体性を放棄することです。自分で決められないから、「経営理念のせいにする」ようでは困ります。

もし、今、御社で、「絶対的な誓い」とか、「意味もなく守らなければならない先代の呪い」みたいなものに囚われているようであれば、その呪縛を解いてください。第4章でも述べましたが、経営戦略が拘束されて、かえって足かせになります。

また、心の奥底では思ってもいないようなことを掲げて自分の自由を奪うよりも、素直にないならないでいいのです。

魂のこもった真の経営理念は内面から自然に湧き出るもの

以前、ある社長から、唐突に、「経営理念をつくりたいのですが」と言われ、そういうタイプの社長ではないように思っていたので、びっくりしたことがあります。それで、私も間髪を入れずに、

「何でそんなものがいるのですか？」「ない会社だってたくさんあります」「そんなものいらなくないですか？」と少し意地の悪いことを聴きました。するとその社長は、真顔で、「会社を大きくするに当たり、社員にきちんと私の考えや方向性を示したいのです」「それに、そのほうが、社員のやる気も上がる気がします」「考えは既にあります」と言ってくれました。私は一瞬、感激して泣きそうになるのを隠しつつ、「ならば、ぜひ、つくりましょう！」と返答しました。

経営理念とは、本来、こういう気持ちで、内面から自然に湧き出るものだと思います。「なければいけないという思込みでつくった」ものや、「無理矢理ひねり出した」ものでは、本来の効力を発揮しません。ありきたりな助言になるかもしれませんが、経営理念のようなものを掲げるのであれば、真に魂の入った、確信の持てるものとしてください。それによって、真価が発揮されます。

3　経営理念よりも大事なのは企業目的（なぜ、経営者をやっているのか）

地域密着企業は経営理念よりも大事なものがある？

先の経営理念のようなものも大事ですが、私としては、そもそも、なぜ会社をやっているのかという企業目的のほうがより大事だと思っています。企業目的という言葉の意味も、人によってばらつきがあると思いますが、私の言う企業目的とは、「何を目的に経営しているのか？」「なぜ、経営者をやっているのか？」といった意味です。

これは、経営者によって様々ですが、私の経験上、大雑把に次の4つくらいのタイプに分類できます。読者の皆さんは、どれに当てはまるでしょうか。ここは自分に正直になることが大切です。

①　自分と社員を幸福にしたい(やりがいのある仕事をし、経済的にも精神的にも豊かになりたい)。
②　正直、私利私欲でやっている（自分だけ儲けたい、人に認められたい、楽をしたい)。
③　事業を通じて社会に貢献したい（利他の精神で社会に奉仕したい)。
④　世界を変えたい（大望、野望をかなえたい)。

①と答えてくれたのなら嬉しいですが、正直なところ、地方の企業で多いのは②のタイプです。以前、地域の若手の経営者から仕事の依頼がありました。決算書を見たところ、酷い債務超過だったので、無用な苦労をさせるより、その人のためを思って、「会社を清算して、会社員として生きていったほうが安全だし、幸せだと思います」と助言をしました。すると、「それができれば中郁さんに頼んでいない」という答えが返ってきました。

私は、いよいよ興味が湧いて、「なぜ、清算できないのですか。そもそも、何のために経営しているのですか」と聴くと、「今更、会社員なんかやりたくない」という本音が出てきました。必ずしも否定されるものでもなく、正直になってくれただけ、やりやすいというものです。

もちろん、①や③、④を目的に経営をしている社長も多いのはわかっていますが、実態は、今のような話も散見されます。そもそも、実態として全く社会性のない目的意識を持っているのだとすれば、社会性のある経営理念を謳っても、大きな意味は持ち得ません。ですから私は、経営理念よりも企業目的を重要視しています。社長それぞれの目的がわかれば、それに向かって効率的に努力できるし、もし、不道徳な部分があったとしたなら、改善することもできるかもしれません。

4　企業は成長しなければいけないのか

そもそも企業の成長とは何か

本書のいろいろなところで既成の経営理論に次々と疑問を投げかけているので、とんでもないやつだと思われているかもしれませんが、私は物事を根本から再考する「そもそも論」が好きなので、もう少し続けさせてください。

次は、「企業は成長しなければならない」という通説についてです。なぜ、企業は成長しなければならないのでしょうか。他にも、似たような話で、「企業は永続しなければならない」というのもあるらしいのですが、なぜでしょうか。なぜ、何の疑いもなしにこのようなまやかしが通っているのでしょうか。「ねばならない」ことなど、いくら考えても大した理由は思いつきません。状況に応じて成長は止まっても仕方ないと思いますし、先の企業目的を達成したのなら、必ずしも永続する必要もありません。

私は、成長を否定しているわけではありません。よくわかっていないものを無条件に受け入れるのがおかしいと言いたいだけです。そもそも、企業の成長とは何でしょうか。納得のいく答えを導き出すには、そこから考え直さねばなりません。

企業目的に近づいたらそれが成長

従来の価値観で考えれば、企業の成長とは、事業規模の拡大だと推察されます。つまり、売上を増やして、社員を増やして、会社を大きくすることです。これはこれで間違っているとは言えませんが、見方が一面的で、しっくりきません。他には、私が本書で主張してきた生産性の向上はどうでしょうか。これもセンスは悪くない答えですが、やはり、見方が一面的な気がします。

恐らく、どの会社にも当てはまるように考えると、先の「企業目的に近づくこと」が成長だと思うのですが、いかがでしょうか。つまり、社長ごとに目的地が違うので、成長の定義もそれぞれになるということです。このように考えると、「目的」とそれに向かう「成長」の構図がはっきりして、効率的な努力や改善ができそうです。そして、永い旅路の果てに、もしも目的地に到達したのなら、次の目的地を探してもいいし、止まってもいいし、終わってもいいのではないでしょうか。

5　身の丈の消費行動をし見栄を張らないこと

最後は自分に跳ね返ってくる

第2章の経費削減の最後にも述べましたが、本章で改めて社長の消費行動について注意喚起をさせてください。本章の初めに、欲を征服することをお願いしましたが、社長の消費行動は、まさに欲との戦いです。

会社の接待交際費もそうですが、特に、オーナー経営者は、会社の資産も個人の資産も最終的には自分の資産なので、普段の個人としての自分の消費行動にも気をつけねばなりません。

欲が抑えられず、次のようなことに身に覚えのある人は、身の丈の消費行動をし、見栄を張らないことが大切です。

・不釣合いな経営者コミュニティーにお金を使っている。
・会社を借金で回しているのに高級外車に乗っている。
・お金がないのに会合などで無理をしておごっている。
・生活水準が抑えられず役員報酬を高く設定している。

こういった身の丈以上の消費行動の結果は、貸借対照表の負債として蓄積され、最後は自分に跳ね返ってきます。とてつもない不幸が自分に襲いかかってくる前に、どうか欲を征服してください。

6 経営者になった途端「できるヤツ」になってしまう

自分の才能を冷静に直視することから逆転劇や快進撃は始まる

少し話がそれますが、絵画や音楽など、芸術の世界の偉人たちの作品に触れると、その才能には本当に驚嘆します。天才という言葉は、まさにこのような人たちのためにあるのだと感じます。

さて、読者の皆さんにおかれましては、ご自分の経営者としての才覚について、どのようにお考えでしょうか。地域密着企業には時々あるのですが、経営者になった途端、自分が「できるヤツ」だと勘違いをしてしまいがちです。これは、環境や立場がそうさせるので、ある程度は仕方のないことだと思います。しかし、現実は簡単には変わりません。中身は同じ自分なのです。

私の才能を棚に上げて聴きますが、読者の皆さんは、昔から優秀な人でしたか。要領がよかったですか。先見の明やリーダーシップがありましたか。誰もが認めて評判になるような特殊な才能がありましたか。自分の小中学校、高校、大学のときの成績や能力、個性を見返すとどうでしたか。優秀だった同級生のほとんどは、超有名な巨大企業に勤めていないでしょうか。実は、会社員もろくに務まらなかったから、逃げで今の会社の経営者になったりしていないでしょうか。

優秀な経営者にとってはずいぶんと失礼な質問の数々なので、聞き流してもらえれば幸いですが、思い当たる節のある人はどうでしょうか。経営者になった途端、できるヤツになってしまい、努力を怠っていないでしょうか。

これは、身の程をわきまえろという話ではありません。客観的に自分の才能を見極めて、それに応じて努力して欲しいということです。幸い、芸術の世界と違い、経営はチーム戦です。経営者の才能は大事ですが、ピースの1つに過ぎないと考えることもできます。そうだとすれば、やり方もいろいろと考えられます。怖いのは、自分の才能を勘違いし続けて、努力を怠ることだと思います。

私も、会社員時代、新卒で入社して初めての上司がとても厳しい人だったのですが、「自分がバカであることを素直に認めろ。それができて初めて進歩できる」と、どぎついことを言われたことがあります。

しかし、本当にそのとおりだと思います。私もこの上司に似たのか、かなり失礼なことを言ってしまいましたが、自分の才能を冷静に直視することから、逆転劇や快進撃は始まるのではないでしょうか。

7　社員は家族かそれとも奴隷か

とにもかくにもまずは自分の心に正直になること

第1章で説明に使ったA社は、社員を奴隷のように扱っているとか、第6章で紹介した社長は、社員は家族だと公言していたなどと言いましたが、皆さんは社員のことを何だと思っていますか。社員は家族でしょうか、それとも奴隷でしょうか。もちろん、社員は家族ではないし、まして奴隷でもありません。社員は社員です。

しかし、この極端な二元論による比喩（メタファー）は、自分の本心をあぶり出すための思考技術としてとても有効です。ここで私は、心の奥底では社員のことを奴隷か機械だと思っている社長を即座に糾弾したいわけではありません。一旦、道徳心はおいておくとして、これいかんにより、やることが少し変わるので、この確認を正確にしたほうが合理的な改善ができるのです。

また、心の中で矛盾を抱えているようでは、施策に一貫性や納得感がなくなるとか、社長のストレスの原因になったりしてよくありません。ですから、まずは、現時点での自分の偽らざる本心を正直に自分で認めて欲しいのです。それができれば、施策も改善もすっきりと行えます。

考え方に応じてやることが少し変わる

社員のことを何だと思っているかによって、やることが少し変わると言いましたが、例えば、給料アップのことについて考えてみます。社員は家族なら、当然、家族に幸せになってもらいたいから、できる限り給料を上げていきましょうという論理になります。他方、社員は奴隷なら、使捨てにするのもありですが、別の奴隷を探すのもこれまたコストですし、うっぷんが溜まって反乱を起こすことも考えられます。したがって、なるべく給料は低く抑えるけど、長く気持ちよく働いてもらうために、メンテナンスやガス抜きの一環として、少しだけ給料を上げておきましょうという考え方になります。

他には、どうしようもなく「使えないヤツ」とか、性格が悪過ぎて「手に負えないヤツ」がいたらどうでしょうか。その社員を奴隷と思っているなら、退社させる方向にもっていくか、できる仕事だけひたすらやらせるという方針を取るべきです。一方、その社員を家族だと思っているのなら、退社させるのは本当に最後の手段で、粘り強く教育訓練し続けるという方針を取るべきです。

仮に社員は家族だと言うのなら有言実行せよ

先ほど、一旦、道徳心はおいておくと言いましたが、どちらかといえば社員は家族のようなものであると言って欲しいものです。ただし、仮にそのように言うのなら、私も道徳心の観点から、いくつか指摘したいことがあります。実務上、次に挙げるようなことが散見されるのですが、ご自分がやってしまっていないか確認をお願いします。

・裁量労働制の名のもとに過去に膨大な量のサービス残業をさせていた。
・自分の子どもにはさせたくないような仕事を社員にさせている。
・病気やうつになった社員は自己責任であり会社としては特に何もしない。

社員を家族のように見なしているのであれば、これらのことは気持ちとしてできないはずです。自分の心に素直に、社員は家族であると言うのなら、有言実行し、理想像に近づいて欲しいと思います。

8　退職勧奨は経営者の重要な仕事

苦手でも全員のためにやらねばならない

第2章でも述べましたが、役員も含めた不良人員の削減は、あらゆる面でいいこと尽くしです。例えば、文句しか言わないクレーマー社員や、派閥をつくって風紀を乱す親玉幹部、先代が不用意に雇った使えない中高年の幹部などは、いなくなってくれるだけで、大きな改善効果を生みます。

社長もそれが重々わかっていて、この話題は尽きないのですが、やはり、社長も人間ですから、どうしても退職勧奨が億劫になってしまいます。しかし、やらねばならない仕事です。

退職勧奨が億劫な社長は、それが全員のためになるというふうに考えてみてください。まず、自分のためです。不良人員がいなくなれば、何より自分のストレスがなくなり、生産性も上がり、業績もよくなります。次に、他の社員のためを思ってやってください。不良人員の分まで、実直に頑張ってくれている社員のことを思えば、不良人員は整理して、その分、優良な社員に報いるべきです。そして、最後に、不良人員のためにもやってください。ずるずると何年も社内にいさせることは、その社員または役員の転職の機会を奪うことにもなり、その人にとっても不利益なのです。

また、私の経験上、一旦、退職勧奨の対象に挙がった人員というのは、良化した試しがありません。むしろ、長引くと問題がどんどん大きくなるだけで、いよいよ問題が表面化し、差し迫って退職勧奨をすることになり、結果、もっと早くやるべきだったというケースしかありません。したがって、問題が大きくなる前に、苦手でも、全員のためにやらねばなりません。

9　全部丸投げオーナー気取り経営者になっていませんか

少人数の会社でオーナーぶるととてつもなく恥しい人になる

これまで、何人かのオーナー社長から、「もう疲れたので、実務は幹部や社員に任せて、自分は役員報酬だけもらえればいい」といった相談を受けたことがあります。いずれも社長を含めて5人くらいの会社です。言うことは少し厳しいけど、実はとても優しいと評判の私も、これにはさすがにあきれてしまいました。

何にあきれたのかは、第1章の生産性の観点から考えれば直ぐわかるのですが、既に述べたように、地方においては、生産性500〜800万円くらいの会社がほとんどです。5人くらいの会社で、社長が働かないなどということになったら、かなり派手な労働の搾取になってしまいます。組織論的な観点からも、せめて10人くらいはいないと、働かない社長を食わすのは無理があります。社員からは、「自分たちは社長を食わすために働いているのか」と間違いなく思われます。このような恥ずかしい考えは、持たないようにして欲しいものです。

10　社長がいなくても回る会社を目指している人への注意

敢えて目指すようなものではない

前項の議論からの続きで、「社長がいなくても回る会社をつくりましょう」というテーマがあるようですが、これについてはどう考えればよいでしょうか。

先に述べたとおり、地方の一般的な生産性の水準から考えて、10人くらいはいないと、社長が実務から外れるのは無理があります。損益や組織論、道義上の観点など、あらゆる面で無理があります。ですから、5人くらいの会社ならば、まずは、生産性を上げて人数を増やすことが先です。

では、取り敢えず、人数が多ければできるのかと言うと、そのとおりです。第5章の組織の人数のところで触れましたが、20～30人以上の会社であれば、分業体制になっており、組織的な動きができてくるので、充分可能です。むしろ、20～30人以上の会社であれば、社長がいなくても回る会社に勝手になっていると思うのですが、なっていませんか。

もしなっていないのだとすれば、やり方がおかしいだけで、勝手にそうなっているのが普通です。したがって、私としては、社長がいなくても回る会社というのは、敢えて目指すようなものではないと感じます。

11　合言葉は「売れる会社をつくりましょう」

本当に目指すべきは社長が変わっても成立する「売れる会社」

前述の社長がいなくても回る会社をつくるという目標の代替案というわけではないのですが、私の提案する合言葉は、「売れる会社をつくりましょう」です。この合言葉をとても気に入ってくれた社長が何人かいるのですが、私の言う「売れる会社」とは、次のようなものです。

① 決算書がきれい（貸借対照表、損益計算書など、財務面に問題がない）。
② 法規面がきれい（法令遵守しており、法律面での何らのリスクもない）。

③ 資本関係が整理されている（社長の持分100％が基本だが、少なくとも、面倒な株主がいない）。

④ 社長が変わっても成立する（社長の個人的な能力や資産に依存していない）。

最初の3つは、普通に考えて納得してもらえると思うのですが、もう1つ考えて欲しいのは④の条件です。私としては、社長がいなくても回る会社というか、「社長が変わっても成立する会社」であることが望ましいと思っています。例えば、社長が変わったら取引先が逃げて売上が下がるとか、社長についてきた社員が大量に退職したりしたら、買う側は困るわけです。他にも、社長しか知らない重要なノウハウがあるとか、社長しかできない技術があるなども、買う側は困ります。

売れる会社をつくれば何の問題もなくなる

売れる状態というのをよくよく考えていくと、実は、経営者の悩みをきれいに解消できている状態にほとんど一致します。それに、売れる会社なら、子どもも他人も欲しがります。次章で説明する事業承継の問題もなくなります。そういう会社をつくれば、何の問題もなくなります。

ですから、私は、1つの目標として、会社を売るか売らないかは全く別にして、売れる会社を目指すのが合理的だと考えています。そうすれば、すべてが自然によい形で含まれます。

売れる会社をつくるというのは、ある意味、究極の経営改善かもしれません。誤解しないように強調しますが、本当に売るかどうかは全く別にしての話です。

第11章　家族経営と事業承継に関する改善

1　家族経営が上手くいく3つの大前提とは

前提条件を守れないと家族経営のメリットが得られない

地域密着企業においては、多くの会社が家族経営の状態となっています。多くの経営者が、何の疑いもなく、当たり前のように家族経営を志向していることに驚かされます。

実は、私の意見としては、家族経営にはやや否定的です。なぜならば、次項で述べる家族経営のメリットよりも、家族内での人間関係の問題や金銭トラブルから来るデメリットのほうが大きいことが見受けられるからです。

私のコンサルティングの経験上、次の3つの前提が満たされていないと、家族会社は上手くいかないと考えています。

今、あまり上手くいっていないと感じている場合は、恐らくこれら3点を満たせていないと思いますので、確認してみてください。

①　家族関係が大変に良好で今後も間違いなくそれが続いていくこと。
②　公私混同していることを経営者が素直に認めていること。
③　家族経営であることを入社時点で社員が了解していること。

まず、家族経営のメリットを得るための大前提として、人間関係が良好であることが挙げられます。子は親を尊敬し、親は子を尊重するというように、関係がしっかりしていなければ話になりません。親子関係、夫婦関係、兄弟・姉妹関係のいずれの場合でも、人間関係が悪ければ論外です。

次に満たすべき条件は、社長が公私混同していることを素直に認めることです。自分は、社内では公私混同していないという社長がいますが、これは明らかに矛盾しています。家族を入社させている時点で、それが最大の公私混同です。ただし、私は、これを悪いとは言っていません。むしろ、公私混同しているのが家族経営なのですから、公私混同してよいのです。家族の人間関係を会社に持ち込んでいることを素直に認め、それを前向きに捉える必要があります。

最後の条件は、家族経営であることを、入社時点で社員が了解していることです。もともと社員は、これらのことに考えが及ぶはずもなく、何も気にせず入社してきます。それが入社してから、家族のいざこざを社内で見せられたらどう思うでしょうか。あるいは、出世したいと思っている社員が、入社した後に、最初から自分は社長にはなれないのだと気づかされたらどう思うでしょうか。嫌気がさすのは間違いありません。このようなことにならないようにしなければなりません。

2　家族経営のメリットとそれを享受するために考えなければいけないこと

家族経営で得られる3つのメリット

先ほど、多くの経営者が、何の疑いもなく、当たり前のように家族経営を志向していることに驚かされると述べましたが、本来であれば、何らかのメリットがなければ、やる意味がないと考えるのが妥当です。家族経営で得られるメリットとしては、次の3点が考えられます。

① 先代からの自宅や土地、事業に必要な設備、不動産などの固定資産を流用していける。
② 何らかの歴史的資産を守っていきやすい。
③ 家族は労働時間をあまり気にせず頑張れる。

①のメリットは、住む場所や事業に必要な設備、不動産などを受け取れるというものです。後継者がこれらをゼロから取得するのは容易なことではありませんので、大きな金銭的メリットになります。個人と会社の両面で固定資産を受け継いでいくことで、経営者家族の生活費や、事業の固定費を極限まで圧縮していくことが可能になります。

②のメリットは、例えば、造り酒屋や老舗旅館などに当てはまるものです。創業から永年経過してきたことからくるブランドイメージなどの無形の情報資産や、店舗や工場などの建物自体が歴史的な資産価値を帯び始めるような場合です。この場合は、前項で述べたとおり、公私混同を前向きに捉えることが望まれます。家族であれば、「先祖や親が受け継いだものを次代に残していかなければならない」という動機が他人よりも強く働くため、歴史的資産を守っていきやすくなります。

③のメリットは、例えば、町中華や定食屋などの飲食店や、農業に当てはまるものです。一般的に生産性の低い産業や、労働時間の管理が難しい仕事の場合です。この場合は、家族であれば、労働時間をあまり気にせず柔軟に働くなど、社員にはさせられない多少の無理を許容できます。

家族経営のメリットを享受するために考えなければいけないこと

今挙げた3点が家族経営のメリットとして考えられますが、これらを享受できる事業は、大体見当がつきます。

具体的には、今挙げたとおり、造り酒屋、老舗旅館、町中華や定食屋などの飲食店、農業などが該当します。

例えば、わかりやすい町中華や定食屋などの飲食店で考えるとどうでしょうか。家族で仲よく、住居兼店舗で暮らすのがよさそうです。生活費や固定費が極限まで小さくなり、先代の味や看板を守り、家族で柔軟にシフト調整ができます。

ひるがえって、読者の皆さんの会社はどうでしょうか。家族経営のメリットを最大限、享受できる事業でしょうか。

家族経営のメリットがなさそうであれば、基本的にはおすすめしません。これに加えて、ある程度人数がいて、組織的な動きができている会社においては、家族経営である必要性は全くありませんし、しないほうがよいことがほとんどです。

他方、大きな目的意識があればよいのですが、家族経営のメリットを享受できる事業なのに、「会社は公器だ」と言って、家族と会社を切り離すことにこだわり過ぎると、かえって経営が苦しくなってしまう場合もあります。

いずれにしても、家族経営のメリットが得られるかどうか、冷静な判断が必要です。

3　上手くいっていない家族経営の会社は家族を追い出せ

トラブルが起きる前に静かに離れるのがお互いにとって一番よい

本章の始めにも少し述べましたが、先の家族経営のメリットよりも、家族内での人間関係の問題や金銭トラブルから来るデメリットのほうが大きいことがあります。

具体的なトラブルの火種としては、社長と家族の性格や考え方が合わないストレスか、社長が家族の私的な支出の経費算入を否認したことに対する不満の2点に集約できると思います。このような兆候が見受けられる場合は、一刻も早く家族を会社から完全に排除するのが社長の身のためです。

このような小さな兆候を放置しておくと、やがて会社の中で親子喧嘩、夫婦喧嘩、兄弟・姉妹喧嘩が始まります。喧嘩相手が社長であっても、他人ではなく家族ですから、会社の規則やルールなどお構いなしで、感情むき出しの泥仕合に発展します。これが家族の怖いところです。

関係性が最悪の場合、集会、クーデター、社長をおとしめるための画策など、他人であれば絶対にしないような反逆行為や破壊行為に及ぶこともあります。他にも、先の労働条件における家族経営のメリットが反転して、労働者の権利と家族の特権の両方を振りかざしてくることがあります。

このような収集のつかない最悪の状態に陥らないためには、トラブルの兆候が見受けられた時点で、家族を説得し、静かに離れるのがお互いにとって一番よい方法です。

トラブルが勃発した後でさえも社長も覚悟が足りない

家族内のトラブルが起きる前に手を打つように言いましたが、トラブルが起きてからでないと、なかなか動けていないのが実際のところです。これは、トラブルの兆候を見落としてしまうか、兆候は認識していたが、何とかなるという淡い期待で見送ってしまうのが原因です。

トラブルを目の当たりにして、ようやく社長も家族を追い出す決心ができるようなのですが、この段階でも、躊躇してしまう大きな要因が1つあるようです。家族と戦いたくないとか、面と向かって言い出しにくいといった理由かと思いますが、そうではないようです。

社長が家族を追い出せない大きな理由の1つに、「社長自身が現場に戻りたくない」というのがあります。実務の多くを家族に任せていて、今更、自分で手を動かしたくないという本音があるようです。

気持ちはわからなくはないですが、そのような気持ちで働いていたのであれば、家族が怒るのも無理からぬ事情があったのではないかと勘繰ってしまいます。いずれにしても、社長がプレイングマネジャーに戻る覚悟さえあれば、後ろ向きの人間関係は清算できます。このままトラブルを抱えたまま仕事をするのと、自分の仕事の負荷が増えるのとどちらがましか、考えるまでもありません。

家族を追い出すといっても、一応、退職勧奨になりますので、実際の作業は、社労士、税理士、弁護士に充分な協力を仰いで、慎重かつ迅速に行ってください。

退職勧奨を始めると、執拗に会社にしがみつく家族が出てくる場合があります。これは、今まで、社長の家族という特殊な立場で、自分の思いどおりにやってきたので、今更、社会に放り出されることに不安になってしまうためです。

社長は、ここで無用な同情をせず、本人のためにも、自立を促すようにしてください。仮に、将来的に戻ってくることがあったとしても、一旦、退社させるのがお互いのためになります。

4 株の持分は基本的に100%、少なくとも絶対に過半数以上

地域密着企業で雇われ社長は割に合わない

地方の企業で割と問題になるのですが、家族経営の社長、あるいは創業経営者にもかかわらず、株を過半数以上持っていない社長がいます。株のことに無頓着な社長が多くて驚かされますが、株を持っていないことが、ご自分にとってどんなに不利益なことか、もう少し知る必要があります。

株を過半数も持っていない社長の状況を聴くと、次のようなパターンが見受けられます。

・先代が「兄弟・姉妹、家族の皆で仲よく」と言って家族に分散させてしまった。
・自分が社長で借入金の個人保証もしているのに先代からまだ1株も受け取っていない。
・先代あるいは自分が、創業当初、株のことはあまり深く考えず、他人に出資してもらった。

まず、社長以外の家族が株を持つことについて、軽く考えている社長がほとんどですが、大きな誤りです。株が金目のものだとわかれば、家族の態度は変わるものです。「うちの家族にそんな人

間はいない」などと言って高をくくっていると、株価が上昇してきたとき、金銭トラブルの可能性も上昇してきます。社長自身に株を集めておかないと、家族で仲よくするどころか、株がきっかけで家族が骨肉の争いをすることになりかねません。

次に、先代がまだ過半数以上持っているとか、創業当初の出資者がたくさん持っている場合がありますが、冷静になって考えれば、これもとても怖い話です。自分が社長で、事業のリスクも個人保証のリスクもすべて負っているのに、議決権もなく、どんなによい会社にしても、自分のものではないという状況です。

先代と大喧嘩になるとか、他の出資者との関係が壊れたら、どんなことが考えられるでしょうか。最悪の場合、借金だけ背負わされて、社長をクビになる可能性があります。

私からすると、これらのことを考えただけで、背筋が凍りそうです。地域密着企業で雇われ社長の状態では、割に合わな過ぎます。どうか一刻も早く、株を自分に集めてください。

いざというとき自分で何も決められない

社長の株の持分が少ない場合、もう1つの問題として、いざというとき、自分で何も決められないということがあります。

具体的には、次のようないざというときに困ります。

・事業承継やM&Aを行うとき。

・グループ会社の組織再編や資本関係の整理を行うとき。
・不良役員を解任したいとき。
・会社の将来に関わる重大な意思決定をするとき。

地域密着企業においては、これらのことを社長が独断で決めることができないと、話が前に進みません。上場企業でもないのに、事業リスクを負っていない人に口出しされてはたまったものではありません。それに、社長の心情として、事業にかかるリスクはすべて自分で負っているのに、大事なことほど自分に決定権がなければ、面白くないはずです。

以上のような観点から、社長の株の持分は、基本的に100％であるべきです。100％が無理だとしても、少なくとも、絶対に過半数以上は持つべきです。

5　事業承継の準備さえしてあれば好きなだけ働けばいい

引退時期は自分で好きに決めればいい

読者の社長の皆さんは、自身の引退時期について、どう考えているでしょうか。なるべく早く辞めたい人と、ずっとやっていたい人の両方がいますが、どちらかというと、ずっとやっていたい人のほうが多いと思います。

ずっとやっていたい人にお伝えしたいのですが、周りから諭されて、渋々辞めなければならない気持ちになっていないでしょうか。もしそうなら、周りから言われたことはあまり気にしなくていいと思います。特に、創業経営者は、自分でつくった自分の会社ですから、好きなだけ働いても、ある程度は許されるのではないでしょうか。

ただし事業承継の準備は常に必要

ただし、好きなだけ働くには、条件があると思います。それは、「事業承継の準備をきちんとしていること」です。耳の痛い話かもしれませんが、ずっとやっていたい人に限って、事業承継の準備をしておらず、後継者や幹部に迷惑をかける「老害」の評価を受けています。

事業承継の準備さえしっかりしてあれば、陰で不名誉な評価を受けることもなく、好きなだけ働いていられます。私としては、年齢に関係なく、若いときから常に準備するように助言しています。若いときから常に事業承継の準備をしていれば、いつでも辞められるし、いつまでも働いていられます。いつまでも働いているのが悪いのではなく、いつまでも事業承継の準備をしていないのが悪いのです。

余談ですが、私としては、もう1つ加えたい条件があります。道徳的な観点から、自分が好きなだけ働くのであれば、社員に対しても、好きなだけ働ける規則にするべきだと思います。老齢の社員を退職させたいと思っている一方で、自分は延々と働いていていいと思っている場合は、自分だけ特別扱いしていないか、自分の道義心に聴いてみてください。

6　息子・娘の入社のタイミングと入社のさせ方

よその会社で経験を積んだのち上からいきなり入れる

家族経営や事業承継の話題の1つに、後継者の息子や娘の入社のタイミングと入社のさせ方はどうするのがよいかという議論があります。

1つの考え方として、早い段階で入社させ、下積みをさせるということが挙げられます。どうせ将来継ぐのだから、新卒または20代の段階で入社させて、他の社員と同じようにしっかり実務をやらせ、社員との信頼関係も築いていくのがよいというものです。これは、確かに一理あるのですが、若年で下から登っていくデメリットもあります。

後継者からすると、将来、部下になる人に教わって上がっていくので、職位が逆転したときに、人間関係としてやりにくくなります。これは、後継者にとっては意外と大きな問題で、自分が社長になったとき、幹部や社員にものを言いにくくなってしまうようです。また、下からじっくり時間をかけて下積みをしていると、経営者になるまでに時間がかかり過ぎ、本人が社長として手腕を振るう期間が短くなり過ぎることもあります。

私としては、よその会社である程度のビジネス経験を積んだのち、30代から40代前半までに上からいきなり入れるのがよいのではないかと考えています。会社の下積み業務はある程度省略することになりますが、今挙げたように、早く入れて社内で育てる場合のデメリットはありません。時間をかけずに直ぐに経営者になれば、本人が手腕を振るうチャンスも長く確保できます。

少し荒っぽい方法に思われるかもしれませんが、私としては、いきなり入れて、3年くらいで社長ができるようでなければ、適性が低いと考えています。上場企業や巨大企業を経営しろと言っているわけではないので、これくらいでできるようでなければ、潔く外したほうが無難です。

7　後継者として適性の低い息子・娘に対する考え方

経営者としての適性と一個人としての人間性をきちんと分離して考える

世間の通説として、「二代目は本当にダメだ」などと言われますが、二代目に限らず、自分の息子や娘の後継者としての適性をどのようにお考えでしょうか。

例えば、本当にダメなパターンとして、よその会社で働いていた息子や娘が、会社が嫌になって退職したため、親心の温情で入社させるようなことがあります。このような、実家に逃げ帰ってきたように入社した息子や娘が、大した経験もなく、まともな経営者になれるでしょうか。

会社員もろくに務まらなかったような息子や娘が、まともな経営者になれるわけがありません。そんなに甘いものではないし、何より、このようなことを許していては、社員に迷惑がかかります。このような、経営者としても人としても疑問符が付くような場合は、毅然とした態度で臨むべきです。

他には、後継者としての適性と、一個人としての人間性を、社長が混同して潰してしまう場合があります。創業社長に多いのですが、自分の能力が高いために、息子や娘に対してレベルの高い経営者像を求めてしまうことがあります。

実直に努力している後継者に対して、自分の求める水準に達して来ないと、段々と、人としてもダメだという評価になってきます。この場合は、後継者としては今一つかもしれませんが、決して人としてダメなわけではないので、こういった混同を起こさないようにしなければなりません。

自分の経営者像を押しつけるのをやめ、本人のやり方を尊重するか、後継者としては外して解放してあげるのも1つの方法だと思います。

親としていったい何にこだわっているのか、何を残したいのか再考する

ところで、息子や娘の後継者としての適性は低いことを認識しつつも、何か残してやりたいという親心で家族経営にこだわる社長がいます。この気持ちはわからなくはないですが、適性の低い息子や娘からすると、会社を残してもらうより、現金を残してもらったほうがありがたいのが本音です。

社長はいったい、何にこだわっているのか、何を残したいのか、家族経営にこだわる理由を、ここでも再考する必要がありそうです。

第12章　コンサルタントを活用するときの留意点

1　地方においてもコンサルタントを雇うのが一般的になってきた

よいコンサルタントが見つかれば雇うのが吉

近年、コンサルタント業界全体の品質は向上してきています。ひと昔前と違い、信用に欠けるコンサルタントや、成果が疑わしいサービスは少なくなってきています。

このような背景からか、地方においても、積極的にコンサルタントを活用しようとする企業が増えてきました。

コンサルタントにどのような価値を求めるかは、経営者によって少し違いますが、基本的な機能として、経営者の考えを俯瞰・整理・深化したり、足りない知識を強化したりできます。このような重要な機能を、新入社員の給料の半額から同額くらいの価格で得られるわけですから、私が業界の人間であることを差し引いても、活用メリットはかなりあると思います。

殊に地域密着企業において社内でこういった参謀役を養成するのは容易なことではありませんから、ある意味、これもアウトソーシングの1つと捉えれば、むしろ人材に乏しい地域密着企業にこそ適したサービスなのかもしれません。

この章では、より確実にコンサルタントの活用メリットが得られるよう、コンサルタントである私が、選び方や注意点などをお伝えします。

2　普段から寄り添う月次型のコンサルティングが望ましい

その時々でいろいろと柔軟に相談できる月次サービスが最適

旧来のコンサルティングでは、テーマや成果を予め絞った、いわゆるプロジェクト型のサービスが多かったのですが、地域密着企業においては、この方式だと上手くいかないことが多いようです。上手くいかない理由は簡単で、状況の変化が激しい今の時代においては、やっているうちにどんどん内容が変わっていってしまうからです。

こういった状況変化に対応するためには、素早く軌道修正しながら進めていくことができる、月次型のサービスが望ましいと思います。また、その時々で、様々な悩みや問題が勃発する地方企業の社長には、月次で安定して相談できるコンサルティングが一番適切です。

ただし古いタイプの顧問契約には要注意

知合いの社長たちから、「士業の先生に、毎月それなりの顧問料を払っているのに、こっちから何か言わないと何もしてくれない」といった愚痴を聞くことがしばしばあります。社長たちに言わせると、顧問という名前だけで、社長から何か言われるまでは敢えて何もせず、サービスの提供を怠っている場合があるようです。

社長の気持ちはわかりますが、しかし、社長も愚痴を言っていないで、そういった相手とは早々に契約を解除すればよいだけだと思います。

そして、きちんとあなたのために、一定以上の時間を安定的に投下してくれる人を選んでください。もちろん、関与した時間の量でアドバイスの価値が決まるわけではないですが、これは、社長とコンサルタントが信頼関係を築く上でも重要なポイントです。

3　コンサルタントが思うよいコンサルタントの選び方

集客を意識した誇大表現をしない「余裕」のある人を見分ける

コンサルタントをやっていると直ぐわかるのですが、コンサルティングの成果や実績の数字を不当に水増しするとか、こういった出版物で事例を有利な形に加工したりする人がいます。私は、それが嫌で、なるべく原理原則や、普遍的または不変的な経験則に徹して本書を執筆しました。同業であれば、正真正銘の実力のあるコンサルタントと、集客に困って誇大な実績数字を載せるコンサルタントを見分けるのは造作もないことですが、現役の経営者はかなり注意が必要です。

実力が不充分なコンサルタントを擁護するわけではないですが、コンサルタントとてビジネスなので、他の産業と同様、マーケティング上、よく見せることはある程度は許されるとは思います。しかしながら、やはり、それをやり過ぎる人は避けるべきです。

このような注意喚起をしている私が清廉潔白な人間であると言いたいわけではないのですが、とにかく、集客を意識した誇大表現や、ポジショントークを我慢できる「余裕」のある人を選ぶべきです。

本物のコンサルタントは自分で売り物をつくり自分でそれを売る力がある

では、先のようなコンサルタントとしての余裕はどこから生まれるのでしょうか。私の経験上、次の2点を満たすことが必要です。

・自力でコンサルティングの内容（コンテンツ）を開発できる人。
・自力で集客できる人。

つまり、自分で売り物をつくって、自分でそれを売る力がある人です。これらを満たしていることが、よいコンサルタントの証拠になります。別の言い方をすれば、コンサルティングのメニューを外部依存しているか、顧客獲得に困窮しているということは、継続性がなく、実力が不足しているコンサルタントということになります。

地方でも本当の実力者はほんの数人はいる

実力のあるコンサルタントを探す方法として、行政が運営しているような専門家相談窓口を活用する経営者もいると思います。しかし、こういったところで探した人を使ってみた評価としては、どの社長に聞いても今ひとつの様子です。

これは、私の示した先の要件に照らして考えればわかります。こういったところに登録しているコンサルタントは、自分で集客ができていない人の可能性が高く、つまり、実力が不足している可能性があります。考えてもみてください。世界有数のコンサルティングファームのコンサルタントや、日本有数の売れっ子コンサルタントが、こういったところにわざわざ登録すると思いますか。特別な理由がない限り、登録しないと思います。したがって、専門家相談窓口などへの相談は、入門レベルのものにするのがよいと言うのが経営者の間での評価のようです。

では、地方には優秀なコンサルタントはいないのでしょうか。もちろん、います。私の住む長野県でも、先の条件を満たしている実力のあるコンサルタントは、数名いらっしゃいます。各地方都市において、このようなコンサルタントの数は、極めて少ない状況にあるのは事実かもしれませんが、それでも、しっかり探せば、各県につきほんの数人はいるはずです。

4　コンサルタントは「先生」ではない

対等な状態で信頼関係を結ぶのがよい

私に敬意を表して、「先生」と呼んでくださる経営者が時々おられるのですが、コンサルタントは、先生ではないと思いますので、「さん」と呼んでくださいと言って訂正しています。特に、士業の業界では、有資格者のことを「先生」と呼ぶ習慣が強く、経営者もそういった関係性をむしろ好んでいるようにも感じます。

経営者から「先生」と呼ばれるのは、アドバイスをする側としては、悪い話ではありません。教える側と教わる側という関係の上に、権威性も効いて、提案事項が通りやすいという利点がありま す。しかし、一方で、「先生」と呼ばれることで、コンサルタントが偉くなってしまうとか、おごりにつながるとか、自分の非を認めないといった欠点も抱えています。

できることなら、こういった経営者との関係性をも考慮し、対等な状態で信頼関係をつくれるコンサルタントを選んでください。

5　あなたに最適な相談者はあなたと同じ立場の代表者

単独でやっているコンサルタントか、税理士、社労士事務所の代表者が適格

本書の初めにお伝えしたように、地域密着企業では、特定の経営テーマだけに注力するような部分最適のコンサルティングでは、会社全体として経営がよくならないことがたくさんあります。私は、最初から全方位で全体最適をする経営コンサルタントなのでよいのですが、ほとんどのコンサルタントは特定のテーマだけに特化しているため、全体を俯瞰する能力が欠けている可能性があります。

これは、特定のテーマの専門コンサルタントではダメだという話ではありません。地方企業のコンサルティングを成功させるには、特定のテーマの専門性に加えて、全体を何となく俯瞰し、全体最適を意識できる能力が求められるという話です。

このような能力を期待するには、会社員の専門コンサルタントでは物足りないというのが、大半の社長の評価のようです。会社員のコンサルタントは、社長ではなく、社員ですから当然です。

他方、そのコンサルタントが会社の代表者であれば、自然と経営全体を見渡す能力が養われていますし、相談をする社長の立場からすると、言うに言われぬ個人的な悩みもたくさんあるので、相手が会社員のコンサルタントだと、本心を打ち明けにくいということもあるようです。

以上のようなことを勘案すると、読者の皆さんに最適な相談相手は、会社員のコンサルタントではなく、私のような単独でやっているコンサルタント会社の代表者か、税理士、社労士事務所の代表者あたりだと思います。そうでないと、地方のオーナー経営者に特有の悩みを、本当の意味で理解することが難しいのです。

6　コンサルタントもなるべく近くで探したほうがよい

信頼できそうな相手と長い目で付き合う

以前、ある社長とコンサルティング契約した際、「逃げないで長くやって欲しい」ということを言われたことがあります。どういう意味か聴いたところ、大都市から来るコンサルタントは、都合が悪くなると逃げてしまうという経験を持っているということでした。地方企業の社長の間では、大都市のコンサルタントにお願いをすると、うまくやられて、お金だけ取られるという不安が少なからずあるようです。

他方、私のような地域のコンサルタントに依頼する理由として、近いから逃げられないし、下手なことはしないだろうし、リーズナブルな価格という安心感があるようです。

コンサルタント側としても、確かにそのとおりで、信頼関係を重視しますし、禍根が残るようなことはまずしません。地域のコンサルタントと二人三脚で長い目で付き合うことができれば、お互いに習熟してきますので、改善効果も上々です。

また、良好な関係で付合いが長くなれば、心の奥底にあるような悩みや個人的な話題も取り扱えるようになります。ある種、人間的な付合いもできそうな人を選んでみるのもよいかもしれません。

もっとも、地域のコンサルタントでは、レベルが不充分だと言う経営者もいると思います。全体としては確かにそうかもしれません。しかしながら、先にお伝えしたように、しっかり探せば、各県にほんの数人、傑出した実力者はいます。そのような人を探し当てるのもよいと思います。

コンサルタントを探す地理的範囲としては、同一県内が近くてよいと思います。上手く見つからなければ、近県くらいに範囲を広げてみてください。これくらいの範囲であれば、今述べた近いことから生ずるメリットを享受できます。なお、最近では、ウェブ会議の積極活用などで、地理的な距離の事情が変わってきましたので、私も対応しています。ただ、それでもやはり、「近くて直ぐ会える」という心理的な利点は健在のようです。

7 人にすすめられたコンサルタントは必ずしもあなたに合わない

自分から動いて自分が納得した相手と契約する

本書の最後にお話することは、コンサルタントとしての私の恥しい告白なのですが、実は、私の中で、過去、あまり上手くいかなかったと思う客先がほんの数件あります。当時、上手くいかなかった理由を熟考していたところ、それらがすべて、紹介案件であることに気がつきました。誤解しないでいただきたいのですが、紹介が悪いと言っているわけではありません。ビジネスをする上で、紹介はありがたいことです。

ただ、紹介の問題として、契約時点では、私のことを信頼して依頼してくれたわけではなく、紹介者を信頼して依頼してくれたわけです。ここに問題が生じます。コンサルタントを必ずしも信頼していない状態では、助言内容がとおりにくくなってしまうとか、経営者が他力本願になってしまうといった問題が生じます。

私は、この出来事以降、誰かから紹介を受けたら、まずはセミナーに来てもらい、ノウハウの内容や私という人間を確認してもらうか、経営者ご自身で当社ホームページなどへ問合せをしてもらうように案内し、紹介という心理状態で契約に行き着く流れを敢えて切断しています。これは、私がお高く留まっているという話ではなく、真に経営者の役に立ち、経営改善を成し遂げたいがための方法なのです。

経営者とどのような関係性でスタートを切るかはとても大事で、最初にこの信頼関係がある程度つくれないと、どんなに素晴らしいアドバイスをしても、それが経営者にとって億劫なことであったりすると、取り入れてくれないことが増えてしまいます。

その結果、改善効果が限定的になってしまいます。実際、上手くいかなかったと回顧した客先で、私が確信をもって何度も提案したことが通らず、その後、後日談で、別のコンサルタント会社との相談で、私がずっと提案していたことが、いともあっさり導入されたことを聞きました。

これらのことは、過去の私の不徳のいたすところではあるのですが、実際、「何を言うか」よりも、「誰が言うか」が優先されてしまうことがある世界でもあるのです。だからこそ、ご自身で、納得した人と契約して欲しいと思います。

自分から動いて契約した相手となら効果を得やすい

何をもってコンサルタントの価値や効果とするかは、私は経営者に委ねていますが、本章でお伝えしたような条件が整えば、期待した価値を実感できます。先にも述べましたが、コンサルタント業界の品質は上がってきているので、あとは信頼関係と施策を納得して実行することだけです。

おわりに

経営のよしあしは全科目の総合得点で決まる

本書を最後までお読みいただき、本当にありがとうございました。

私としては、経営者ご自身で実行できるところまで詳しく書いたつもりですが、充分な理解が得られたでしょうか。

さて、本書の最後に、経営者の皆さんに改めてお聴きしたいことがあります。「よい会社」とはどんな会社でしょうか。あるいは、「よい経営」とはどんな経営でしょうか。実は、本書の中で、「よい」という言葉について、敢えて漢字をあてずに記載してきたのですが、お気づきになっていたでしょうか。種明かしをすると、私としては、「よい」という言葉について、次の2つの意味を込めて議論したかったからです。

・良い（品質的に）
・善い（道徳的に）

ここで言う「良い」とは、業績や生産性の意味で使っています。もう一方の「善い」とは、道徳的に正しいとか、社長や社員が幸せであるといった意味で使っています。お金製造マシンとしての業績数字の側面だけでなく、社長や社員の幸福感なども含めての話です。このように改めて考えてみて、次のキーワードに対して、どのような考えをお持ちでしょうか。

おわりに

・よい会社、よい経営、経営のよしあし
・よい社長、よい経営者
・経営者の人生がよくなる

経営者ご自身の「よい」という意味について定義することによって、向かいたい方向が見えてきます。本書では、経営者の根底にある考え方や価値観を揺さぶりたい意図もあって、様々な話題を提供しました。

例えば、次のような割とよくあるパターンについて、その状態のよしあしをどうお感じになるでしょうか。

・夢中になって行った自分ブランディングに満足はしたが、業績も組織も壊滅状態に陥った。
・業績は非常によい一方で、社員から給料の不満をぶつけられて、心理的な幸せを感じない。
・生産性も人事も両方ともよいのに、身の丈に合った消費行動ができず、お金に困っている。

これらのことは、経営者の心の問題や、企業目的は何かといったことに密接に関係していますが、いずれにしてもバランスを欠いていることは事実で、「よい」状態とは言えません。

私としては、経営のよしあしは、全科目の総合得点で決まるものだと考えています。全体のスコアを上げるために、その時点での全体最適を常に意識することが大事だと思います。ただし、誤解しないでいただきたいのは、全体最適とか、バランスを取るということは、平均化してつまらない会社にするとか、会社の特長を棄損するということとは全く別問題です。全体のスコアを平均化することと、全体のスコアを伸ばすことは意味が少し違います。

本書のタイトルにあるように、経営者の人生もよくなる経営改善を達成するためには、社長ご自身が何よりも全体最適を意識する必要があります。

本書をここまで読み進めてくださった方は、全体を俯瞰できたと思います。全体を俯瞰できた状態で、もう1度、本書を最初からお読みいただくと、より一層理解が深まります。

ぜひ、本書のノウハウを参考にして、全体のバランスをきちんと見ながら、御社の特長を最大限、社会に発揮していただければ幸いです。

もし、経営者ご自身だけでは全体最適ができない場合は、それができる相談相手をきちんと探すか、私にコンサルティングをご依頼ください。遠慮は禁物です。

中邨　康弘

2021年9月

【参考文献】

・「新訳　事業の定義―戦略計画策定の出発点」デレク・F・エーベル著、石井淳蔵訳、碩学舎刊
・「戦略サファリ 第2版―戦略マネジメント・コンプリート・ガイドブック」ヘンリー・ミンツバーグ等著、齋藤嘉則監訳、東洋経済新報社刊
・「改訂新版 人間性の心理学―モチベーションとパーソナリティ」A・H・マズロー著、小口忠彦訳、産業能率大学出版部刊
・「ティール組織―マネジメントの常識を覆す次世代型組織の出現」フレデリック・ラルー著、鈴木立哉訳、英治出版刊

著者略歴

中郁　康弘（なかむら　やすひろ）

1982年、長野県生まれ。ロクシキ経営株式会社 代表取締役。工学修士。経営学修士。

大学卒業後、大手重工メーカーにて、ロケット、ジェットエンジンの開発に従事。経営大学院などを経た後、現職。

地域密着企業の経営者の参謀役。1社1社に合わせた経営の全体最適のコンサルタント。

人間、寝ている時間を除けば、人生の半分は仕事であるとの考えから、皆が仕事の時間を幸福に過ごせることを目指している。

経営戦略、ビジネスモデル、マーケティング、人事組織、モチベーションなど、あらゆる経営要素の改善に取り組んでいる。

地方都市の会社の状態は、よくも悪くも、経営者の人間性そのものを表しているため、社長の心のありようにも触れながら、核心に迫るコンサルティングを行っている。

●著者ホームページ

「ロクシキ経営」で検索。https://rokushiki.co.jp/

※コンサルティングの依頼やメルマガの登録はホームページから。

経営者の人生もよくなる
「地域密着企業」経営改善バイブル

2021年10月19日 初版発行　2022年12月20日 第2刷発行

著　者　中郁　康弘　© Yasuhiro Nakamura
発行人　森　忠順
発行所　株式会社 セルバ出版
〒113-0034
東京都文京区湯島1丁目12番6号 高関ビル5B
☎ 03（5812）1178　FAX 03（5812）1188
http://www.seluba.co.jp/
発　売　株式会社 三省堂書店／創英社
〒101-0051
東京都千代田区神田神保町1丁目1番地
☎ 03（3291）2295　FAX 03（3292）7687

印刷・製本　株式会社 丸井工文社

Printed in JAPAN
ISBN 978-4-86367-706-7